नागार्जुन

सुविख्यात प्रगतिशील कवि-कथाकार नागार्जुन का जन्म सन् 1911 में ज्येष्ठ पूर्णिमा के दिन ग्राम तरौनी, जिला दरभंगा, बिहार में हुआ। उनका पूरा नाम वैद्यनाथ मिश्र 'यात्री' था। उन्होंने परम्परागत प्राचीन पद्धति से संस्कृत की शिक्षा ग्रहण की।

हिन्दी, मैथिली, संस्कृत और बांग्ला में उन्होंने काव्य-रचना की। मातृभाषा मैथिली में 'यात्री' नाम से लेखन। शिक्षा-समाप्ति के बाद घुमक्कड़ी का निर्णय। गृहस्थ होकर भी रमते-राम। स्वभाव से आवेगशील, जीवंत और फक्कड़ रहे। राजनीति और जनता के मुक्ति-संघर्षों में उनकी सक्रिय और रचनात्मक हिस्सेदारी रही। मैथिली काव्य-संग्रह 'पत्रहीन नग्न गाछ' के लिए उन्हें 'साहित्य अकादेमी पुरस्कार' से पुरस्कृत किया गया। उत्तर प्रदेश हिन्दी संस्थान, मध्य प्रदेश तथा बिहार के 'शिखर सम्मान' सहित कई पुरस्कारों से वे सम्मानित हुए।

उनकी प्रमुख प्रकाशित पुस्तकें हैं—'रतिनाथ की चाची', 'दुखमोचन', 'बलचनमा', 'वरुण के बेटे', 'नई पौध' (उपन्यास); 'युगधारा', 'सतरंगे पंखोंवाली', 'प्यासी पथराई आँखें', 'तालाब की मछलियाँ', 'चंदना', 'खिचड़ी विप्लव देखा हमने', 'तुमने कहा था', 'पुरानी जूतियों का कोरस', 'हजार-हजार बाँहोंवाली', 'पका है यह कटहल', 'अपने खेत में', 'मैं मिलिटरी का बूढ़ा घोड़ा' (कविता-संग्रह); 'भस्मांकुर', 'भूमिजा' (खंड-काव्य); 'चित्रा', 'पत्रहीन नग्न गाछ' (हिन्दी में भी अनूदित मैथिली कविता-संग्रह); 'पारो' (मैथिली उपन्यास); 'धर्मलोक शतकम्' (संस्कृत काव्य) तथा संस्कृत से कुछ अनूदित कृतियाँ।

निधन : 5 नवम्बर, 1998

रतिनाथ की चाची

नागार्जुन

राजकमल पेपरबैक्स

पहला पुस्तकालय संस्करण
किताब महल, इलाहाबाद द्वारा
1948 में प्रकाशित

राजकमल पेपरबैक्स में
पहला संस्करण : 1998
आठवाँ संस्करण : 2024

राजकमल पेपरबैक्स : उत्कृष्ट साहित्य के जनसुलभ संस्करण

राजकमल प्रकाशन प्रा. लि.
1-बी, नेताजी सुभाष मार्ग, दरियागंज
नई दिल्ली-110 002
द्वारा प्रकाशित

शाखाएँ : अशोक राजपथ, साइंस कॉलेज के सामने, पटना-800 006
पहली मंजिल, दरबारी बिल्डिंग, महात्मा गांधी मार्ग, प्रयागराज-211 001
1, अनमोल सोराबजी संतुक लेन, धोबी तलाव, मरीन लाइंस, मुम्बई-400 002
वेबसाइट : www.rajkamalprakashan.com
ई-मेल : info@rajkamalprakashan.com

बी.के. ऑफसेट
नवीन शाहदरा, दिल्ली-110 032
द्वारा मुद्रित

मूल्य : ₹250

RATINATH KI CHACHI
Novel by Nagarjun

ISBN : 978-81-7178-787-6

रतिनाथ की चाची

1

चैत का महीना था और शाम का वक्त। बीच आँगन में टोल-पड़ोस की औरतें जमा थीं। सभी किसी-न-किसी बातचीत में मशगूल थीं। दो-एक की गोद में बच्चा भी था। दो-एक जनेऊ का धागा तैयार करने के लिए तकली लिए आई थीं। उनकी तकलियाँ किर्र-किर्र करके काँसे के कटोरे में नाच रही थीं और पूनी से खिंचकर सर्र-सर्र निकलता जा रहा था सूत।

एक थी जो बेकार और चुप बैठी थी। उसके चेहरे पर विषाद की काली छाया मँडरा रही थी। वह न तकली ही कात रही थी, न गोद में उसके कोई बच्चा ही था। बाकी औरतें रह-रहकर उसकी ओर अजीब निगाहों से ताका करतीं।

थोड़ी देर बाद दम्मो फूफी आ पहुँचीं। अदालत में मुजरिम हाजिर हो, वकील-मुख्तार, गवाह सभी मौजूद हों, फिर अगर जज ने किसी कारण से देर कर दी तो क्या होता है? दम्मो फूफी के बिना यही हाल था इस महिला-परिषद् का।

फूफी को आग्रहपूर्वक आसन पर बैठाया गया। गोरा और छरहरा बदन, गोल-मटोल चेहरा। नन्हे-नन्हे पतले होंठ। गंगा-जमनी बाल। कानों में छोटे-छोटे मगर लटक रहे थे। शांतिपुरी धोती पहने हुए थीं। गले में बारीक रुद्राक्षों की माला शिव-भक्ति की सबूत थी या शौक की, कहा नहीं जा सकता। अंटी में से चाँदी की सुंदर डिबिया निकालती हुई वह बोलीं, "आज गर्मी मालूम होती है, तूफान उठा तो आम की फसल चौपट हो जाएगी।" नस[1] निकालकर चुटकी से नाक के

1. सुँघनी।

पूड़ों में उसे भरते हुए फूफी ने फिर कहा, "गुज्जी बिटिया, हमारे यहाँ से ज़रा पंखा तो लेती आ!" गुंजेसरी ने पंखा ला दिया।

इतने में रूपरानी का बच्चा रो पड़ा, न जाने किधर से नज़र बचाकर एक लाल चींटा आया और बच्चे को काट लिया। बाएँ पैर का अँगूठा धरती से छू रहा था। बच्चे की चीख़ बढ़ती ही गई। दम्मो फूफी ने कहा, "जाओ रूपरानी, लोहा छुआ दो। जलन जाती रहेगी।"

अपने बच्चे को लेकर रूपरानी जब चली गई तो फूफी ने एक बार और सुँघनी सुरकी।

सभी की दृष्टि, सभी का ध्यान फूफी पर केंद्रित था। एक ही थी, जो विषाद और जड़ता की प्रतिमा बनी बैठी थी। अब दम्मो फूफी ने अच्छी तरह आँख फाड़कर उस पाषाणी की ओर देखा। उसके बाद सभी को अपनी निगाह के दायरे में समेटती हुई बोलीं, "उमानाथ की माँ, कब तक चुप रहेगी? कुछ-न-कुछ तो इसे कहना ही पड़ेगा। समूचे गाँव में इसी बात की चर्चा है। आख़िर जो होना था, वह होकर ही रहा। विधना के विधान को भला हम-तुम टाल सकते हैं? यह बेचारी...।"

इतना कहकर अपने सुंदर और कोमल हाथ से फूफी ने उस विषादमयी प्रतिमा की ओर संकेत किया। सुननेवाली औरतों ने साँस खींचकर अपने कानों को मानो और भी साफ कर लिया। फूफी बोलती गईं, "वैद्यनाथ के मरने के बाद कितनी कठिनाई से उमानाथ को पाल-पोसकर इतना बड़ा कर पाई है, यह तुममें से बहुतों को मालूम नहीं होगा। भगवान करें, उमानाथ अपने बाप का नाम रखे।"

सहानुभूति के ये शब्द सुनकर उमानाथ की माँ की आँखें छलछला आईं और ऐसा लगा कि पाषाणी प्रतिमा में फिर से प्राणों की प्रतिष्ठा हो गई है। उसने कृतज्ञ आँखों से दमयंती (दम्मो फूफी) को देखा और सिर नीचा कर लिया। शिकार को गिरफ्त करके बाघिन को जितना संतोष होता है, इस समय फूफी के भी संतोष की वही मात्रा थी। बेचारी उमानाथ की माँ को क्या पता कि, इस सहानुभूति के पीछे एक डायन का निठुर अट्टहास छिपा पड़ा है! बेचारी को जयनाथ याद आया जो आज चार महीनों से लापता है।

फूफी ने नस लेते हुए कहा, "कोई चिंता नहीं, सारा इंतज़ाम हमने कर लिया है। परसों इस समय तक यह बोझ तुम्हारे सिर से उतर चुका होगा। उमानाथ की

माँ, रत्ती-भर भी फिकर मत करो।"

कृतज्ञता के मारे उमानाथ की माँ का मन करता था कि दमयंती के पैरों पर अपना सिर रख दे और सुबक-सुबककर कुछ देर रोए। यह चतुर बुढ़िया उस बेचारी को ममता का अवतार प्रतीत हो रही थी। वह विधवा है, अकिंचन है। उसे गर्भ रह गया है। कहीं वह मुँह दिखाने के काबिल नहीं रही। पेड़-पौधे, पशु-पक्षी सभी गुप-चुप उमानाथ की माँ के इस महान् कलंक का मानो कीर्तन कर रहे हैं। ऐसी स्थिति में यदि दम्मो फूफी जैसी संभ्रांत वृद्धा उसे सांत्वना देने आई हैं तो इससे बढ़कर व्यावहारिक मानवता भला और क्या होगी? मगर वहाँ तो बीसियों बैठी थीं, दम्मो फूफी अकेले रहतीं तब न! उमानाथ की माँ को साहस नहीं हुआ कि फूफी के पैरों पड़ जाए। लज्जा भी निगोड़ी कैसी होती है कि उसका अंचल घोर-से-घोर पापी के लिए भी सुलभ है!

स्वर को अधिक-से-अधिक कोमल करके फूफी ने कहा, "अच्छा, कौन था वह कलमुँहा, उमानाथ की माँ, जिसने तुम्हें आग में यों झोंक दिया?"

इस असंभावित प्रश्न से बेचारी के रोम-रोम काँप उठे, समूचे शरीर का लहू पानी-पानी हो गया। विकराल मुँहवाली राक्षसी याद आई, जिसकी कहानियाँ बचपन में अपने नाना से वह सुना करती थी। दमयंती का वह सौम्य रूप उमानाथ की माँ के लिए अब मिटता जा रहा था, उसकी जगह कहानी की विकरालवदना वही राक्षसी नज़र आने लगी। अभागिनी का हृदय केले के पत्ते की तरह काँपने लगा।

तो क्या, जयनाथ का नाम वह बता देगी? नहीं, कभी नहीं। उसने कहा, "पता नहीं, मैं कैसे बताऊँ?"

"हूँ!" दमयंती ने गौर से उमानाथ की माँ की ओर देखा और पंखे के बेंट से पीठ खुजलाते हुए मुस्कुराना शुरू किया। फूफी की इस लंबी मुस्कान का और स्त्रियों ने हँसकर समर्थन किया। परंतु इस मुस्कान और इस हँसी के पीछे उमानाथ की माँ को उछलता-कूदता काला पहाड़ स्पष्ट दिखाई पड़ा, जोकि आहिस्ते-आहिस्ते उसी की ओर बढ़ा आ रहा था। ये लोग मानेंगे नहीं, कुछ-न-कुछ कहना ही पड़ेगा। क्या कहा जाए, क्या नहीं—वह बेचारी देर तक इसी गुन-धुन में पड़ी रही।

फूफी ने बदले हुए स्वर में पूछा, "तो, तुम इस बारे में कुछ नहीं जानतीं?"

उमानाथ की माँ नाखून-से-नाखून खोंट रही थी। आँगन के एक कोने में

रतिनाथ बैठा था। महज ग्यारह वर्ष की उम्र होने के कारण ही वह स्त्रियों के इस गुप्त अधिवेशन में शामिल हो सका था। इस सवाल से उस लड़के का दिल धड़क रहा था कि कहीं उसी के बाप का नाम—चाची के मुँह से न निकल आवे! चार मास से रत्ती का बाप—जयनाथ लापता है।

इस मातृहीन बालक का अपनी चाची के प्रति बहुत ही गहरा स्नेह था। चाची भी रत्ती को खूब मानती थी। पिछले चार मास में यह स्नेह और भी घना हो उठा था। चारों ओर से लांछित, चारों ओर से तिरस्कृत होकर उमानाथ की माँ जब भूखे पेट ही सो जाना चाहती तो रतिनाथ सत्याग्रह कर देता, 'ऐसी क्या बात है चाची कि तुमने खाना-पीना छोड़ रखा है? अच्छा, नहीं खाना है, न खाओ। मगर कल मैं भी नहीं खाऊँगा, नहीं खाऊँगा, नहीं खाऊँगा।' इतना कहकर वह चाची की पीठ से सटकर बैठ जाता और उसके रूखे बालों में अपनी नन्हीं-नन्हीं अँगुलियाँ उलझाने लगता। चाची की देह सिहर उठती और जयनाथ याद आ जाते। तब वह उठ बैठती, और दो-चार कौर भात खा लेती।

एक दिन पड़ोस की एक लड़की ने रतिनाथ से कहा था, 'तेरी चाची को, रत्ती, बच्चा होनेवाला है।' उसने कसकर छोकरी को एक तमाचा लगा दिया... बेचारे को कुछ पता ही नहीं, कि आख़िर बात क्या है? एक दिन दूर की किसी भाभी ने खुलासा कहा, 'लाला, तुम्हारी चाची की अगर दूसरी शादी हो गई होती तो ठीक था।' इस पर रतिनाथ ने उस भाभी को फटकारते हुए बतलाया था कि पंडित की लड़की होकर तुम ऐसी बातें करती हो! दूसरी-तीसरी शादी क्या कभी किसी विधवा या सधवा ब्राह्मणी ने की है?

"अच्छा भई," फूफी ने उठते हुए कहा, "अँधेरा हो गया, मुझे तो शिवजी के दर्शन करने नित्य इस समय भी मंदिर जाना होता है। तुम्हारी मर्ज़ी! लेकिन पाँच साल की बच्ची भी इतना बता देती है कि आँखमिचौनी के वक्त उसकी पीठ थपथपानेवाला आखिर कौन रहा होगा, और एक तुम हो! ओह, कितनी भोली..." अबके फूफी खिलखिलाकर हँस पड़ीं, औरों ने भी साथ दिया। यह उन्मुक्त हास उमानाथ की माँ को असह्य हो उठा। मन में आया कि वह भी कसकर चिकोटियाँ काटे। दमयंती के बाल वैधव्य की रंगीनियों का उसे सारा हाल मालूम था। मगर नहीं, रत्ती की चाची ने अपने को सँभाला और उठकर कहा, "मैं और कुछ नहीं जानती। वह भादों का महीना था। अमावस की रात थी। एक घनी और अँधेरी छाया मेरे बिस्तर की तरफ बढ़ आई। उसके बाद क्या हुआ, इस बात का होश

अपने को नहीं रहा...।''

फूफी ने इस पर कुछ नहीं कहा। परंतु रामपुरवाली चाची ने आँगन से निकलते समय हल्की आवाज़ में कहा था, ''होश कैसे होता? मौज मारने की घड़ियों में किसी को भला कैसे होश रहेगा? बला से, अब पेट कोहड़ा हो गया है तो होने दीजिए।''

2

उस रात चूल्हा नहीं जला।

चाची जाकर बिस्तरे पर लेट गई। बिस्तरा क्या था, खजूर के पत्तों की चटाई थी। बीच घर में वही बिछाकर चाची लेट गई, न तकिया लिया, न सुजनी। दाईं बाँह पर सिर रखकर वह पड़ी रही और आँखों की रोशनी को घने अंधकार में भटकने के लिए छोड़ दिया, जैसे थका और भूखा चरवाहा लापरवाह होकर अपनी गायों को जंगल में छोड़ देता है, वे लौट भी आना चाहती हैं तो मार डंडा से, मार डंडा से वह उन्हें फिर जंगल की ओर खदेड़ देता है। बस्ती नज़दीक नहीं होने से किसी पेड़ के नीचे वह भी बाँह का तकिया बनाकर करवट लेट जाता है...।

रतिनाथ भी जाकर संदूक पर पड़ा रहा। विपत्ति के अथाह समुद्र में गोते खा रही इस चाची के लिए बेचारे ने उस रात कितने आँसू बहाए, यह रहस्य भगवान ही जानते हैं। दिन का भात हाँडी में था, पत्थर के बड़े कटोरे में दाल थी। एक दूसरी पथरौटी में ज़रा-सा बैंगन का चोखा रखा हुआ था। पर किसी ने हाथ तक नहीं लगाया। रत्ती भूखा ज़रूर था, लेकिन उसकी भूख-प्यास हवा हो गई, जबकि टोल-पड़ोस की महिलाओं का दल मुस्कुराता और आँखें मटकाता हुआ शाम को रत्ती के आँगन से चला गया। चाची बुत बनी वहीं खड़ी रही, उसकी आँखों से आँसू की चार बड़ी-बड़ी बूँदें ढुलक पड़ी थीं। समाज व्यक्ति के प्रति इतना निठुर, इतना नृशंस हो सकता है, उस अबोध को अपनी छोटी-सी आयु में आज यह सत्य पहली बार भासित हुआ था।

परंतु दोपहर रात को किसी ने रत्ती के मुँह में दस-पाँच कौर अवश्य डाल दिए थे। और कौन होगा? चाची ही होगी।

हाँ, चाची ही थी। उसी ने नींद में विभोर रतिनाथ को उठाकर दाल-भात

और बैंगन का चोखा खिला दिया। रत्ती बराबर आँखें मूँदे ही रहा। खिला-पिलाकर कुल्ली कराकर चाची ने उसे अपने पास सुला लिया। खुद उसने कुछ नहीं खाया। बचा भात बाहर डाल दिया था।

उस रात चाची को नींद नहीं आई। जिसके माथे पर विपत्ति का इतना बड़ा पहाड़ हो, वह भला कैसे सोए? भादों, आसिन, कातिक, अगहन, पूस, माघ, फागुन और यह चैत—आठवाँ महीना चल रहा था। पेट में बच्चा ऊधम मचाने लगा था। चाची को ख्याल आया जयनाथ का चेहरा और फिर उसने सोए हुए रत्ती का मुँह चूम लिया। उमानाथ की माँ जानती थी कि जयनाथ देवघर था और आजकल काशी में है। बेचारी ने कई बार चिट्ठी लिखवाना चाहा, मगर किससे लिखवाती? जयनाथ वादा कर गए थे कि दस दिन में ही मैं बाबा (वैद्यनाथ) को जल डालकर आ रहा हूँ।

पूस चढ़ते गए और चैत भी बारह दिन में बीत गया। चाची को सारी पुरुषजाति पर घृणा हो गई। इस मुसीबत का सामना जिसे करना चाहिए वह कहीं यों बाबा वैद्यनाथ और काशी विश्वनाथ के इर्द-गिर्द गाल बजाता फिरे? छिः! ऐसा था तो मुझे भी साथ ले लिया होता। हे भगवान! पानी में डूब मरने के अतिरिक्त क्या और कोई उपाय नहीं है? सुनती हूँ, लहेरियासराय के सरकारी अस्पताल की डाक्टरनी गर्भ गिराने में बहुत कुशल है...मगर वहाँ तक मैं पहुँचूँगी कैसे?

मुसीबत की इस घड़ी में एकाएक चाची को अपनी माँ याद आई। उसने तय किया कि आज तो नहीं, कल रातोंरात वह तरकुलवा चली जाएगी। वहाँ, गाँव में ही, कई चमाइनें हैं। डाँट-फटकार, गंजन-फजीहत के बावजूद भी माँ आख़िर माँ ही होगी। लड़की का कवच बनकर तमाम मुसीबतों को वह अपने ऊपर ले लेगी, इसमें भी क्या कुछ शक है?

इस निश्चय से चाची को राहत मिली और रात्रिशेष में बेचारी की बोझिल पलकें ज़रा झपक गईं।

रतिनाथ की आँख सवेरे ही खुली। चाची को दूसरे दिन की भाँति आज उसने नहीं जगाया। आँख मलते-मलते वह चाची के घर के पिछवाड़े में गया। पेशाब करते वक्त उसकी निगाह घिवही पर पड़ी। आम के इस बड़े पेड़ को वह बहुत प्यार करता था। इसके आम गोल-गोल होते थे। पकने पर मुँह पीला और बदन लाल हो जाता था। स्वाद घी जैसा। रस गाढ़ा और गुठली छोटी होती थी। इस आम का यह नाम दादी का रखा हुआ था। पेड़ फलता भी खूब था।

बीस-बीस, पच्चीस-पच्चीस हज़ार तो सिर्फ पकने पर निकलते। आँधी और तूफान में हज़ारों कच्ची अँबियाँ गिरतीं सो अलग। वह भी बेकार नहीं जातीं, अचार और सूखी खटाई लोग साल-भर खाते। पकने पर घिवही का पेड़ कल्पवृक्ष-सा मनोहर लगता। गाँव में ऐसा कौन होगा, जिसने घिवही के दस-पाँच आम नहीं खाए हों। उनका अमावट ये लोग साल-दो साल तक खाते। इस बार भी घिवही में फल खूब आए थे। रतिनाथ ने देखा, पचीसों टिकोरे गिरे पड़े हैं। उसका रोम-रोम पुलकित हो उठा, चटनी के लिए यह काफी हैं।

वह टिकोरे इकट्ठे करने लगा। चुनने को कुछ रह गए थे कि चाची ने आवाज़ दी "रत्ती, ओ रत्ती! कहाँ गया?"

"यह रहा चाची, टिकोरे चुन रहा हूँ," रतिनाथ ने ज़ोर से जवाब दिया, तब तक चाची भी वहाँ पहुँच गई। नज़दीक आकर रत्ती की ठुड्डी पर हाथ फेरती हुई बोली, "तुझे क्या है पागल? तू क्यों इतना दुबला हो गया है?"

लड़के ने नज़र नीची कर ली। ज़रा देर बाद कहा, "चाची, आज मैं पाठशाला अवश्य जाऊँगा। रसोई तो भला तुम जल्दी कर लो, चटनी मैं खुद ही कर लूँगा।"

चुने हुए टिकोरे लेकर चाची आँगन में चली गई। चौका-बर्तन करने के बाद उसने चूल्हा जलाया। खानदानी खबास की बुढ़िया औरत आज पानी भरने नहीं आई, घड़े रीते पड़े थे। रतिनाथ ने छोटी बाल्टी में पोखर का पानी ला-लाकर उन्हें भर दिया। चाची समझ गई कि दमयंती का अनुशासन उसके खिलाफ शुरू हो गया आज से। अब इस आँगन में न धोबिन आएगी, न नाइन, न डोमिन, न चमाइन। ब्राह्मणी की तो भला बात ही कौन कहे।

पुरानी दियासलाई में अभी चार-छः तीलियाँ थीं, एक तीली घिसकर चाची ने चूल्हा जला लिया था। नहीं तो गाँव-गँवई में आग एक घर से माँगकर दूसरा घरवाला ले जाता है, दूसरे से तीसरा। यों दियासलाई का काम ही नहीं पड़ता। फिर भी लोग सलाई की दस-पाँच तीलियाँ बचाकर रखते अवश्य हैं। यह नहीं कि रतिनाथ किसी के यहाँ से आग ला नहीं सकता था। ला सकता था, अगर किसी ने चाची के संबंध में कुछ अनाप-शनाप उसे सुना दिया तो लड़के के दिल को कितनी चोट लगेगी! यही सब सोचकर चाची ने रत्ती को कहीं आग लाने नहीं जाने दिया।

रत्ती को चाची का यह रुख़ पसंद नहीं आया। वह सोचता, जो एक सुनाएगा,

हम उसे दस सुना देंगे। जो आग नहीं देगी, उसके चूल्हे पर पेशाब कर दूँगा।

खैर, थोड़े पानी से भी काम चल गया। चाची ने सिर्फ चार-छः लोटे पानी नहाने में खर्च किया, बाकी रसोई में। पीने के लिए एक बाल्टी रत्ती कुएँ से स्वयं ले आया भरकर। भात तैयार हो गया तब जाकर वह पोखर में नहा आया।

सौ साल पहले पंडित नीलमणि ने यह पोखर खुदवाया था। वह रत्ती के दादा के दादा थे। अपने दालान के बिलकुल करीब आप छोटा-सा पोखर खुदवा गए। इस पोखर के भिंडों पर अब उपाध्याय घराने की बढ़ती आबादी छा गई थी। केवल पूरबवाला भिंड बच रहा था। पास-पड़ोस के मर्द आकर उसी ओर के घाट पर नहाते।

आज शालिग्राम की पूजा में रतिनाथ का मन लगा नहीं। सराइयाँ तीन थीं, देवता दो ही थे—शालिग्राम और नर्मदेश्वर। ताँबे की सराई शालिग्राम के लिए, पीतलवाली नर्मदेश्वर के लिए। तीसरी भी पीतल की ही थी। वह पंच देवता के उद्देश्य से थी। चंदन रगड़कर उसने अच्छत भिगोए। "ॐ सहस्रशीर्षा..." आदि मंत्र पढ़कर शंख से शालिग्राम पर जल डाला, फिर नर्मदेश्वर पर। फिर अनमने भाव से चंदन, अच्छत, फूल वगैरह चढ़ाकर रत्ती ने पूजा खतम की। उधर थाली में भात-दाल परोसा जा चुका था।

थोड़ा-सा उसने खाया होगा कि तब तक चाची ने चटनी भी पीस ली। भुना हुआ जीरा भी दिया था उसमें। रतिनाथ ने चटनी का स्वाद ले-लेकर खूब खाया। खाते-खाते उसे चाची ने कहा, "बेटा, पाँच-छः रोज़ तुझे अकेला ही रहना पड़ेगा।"

"और तुम कहाँ रहोगी?" उठते हुए कौर को रोककर रतिनाथ ने आँखों से ही सवाल किया। "तरकुलवा जाऊँगी, किसी से कहना मत।" चाची बोली।

उसने फिर कहा, "रात को पड़ोस के आँगन में सो जाना। चावल, दाल, लकड़ी, धनिया, हल्दी, नमक, तेल सामान सब मौजूद है। खुद पकाकर खा लेना। पाँच-छः रोज की ही बात है, उसके बाद तो मैं आ ही जाऊँगी।"

रत्ती खाना खतम करते-करते बोला, "मैं भी साथ चलूँ?"

"नहीं," चाची ने कहा, "बात ऐसी आ पड़ी है कि अकेली ही जाऊँ, यही अच्छा रहेगा।"

रतिनाथ ने चुप रहकर चाची की बात का औचित्य मंजूर कर लिया, अब वह खाना खा चुका था। हाथ-मुँह धो आया। खाकर मुखशुद्धि के तौर पर सुपारी का एक छोटा-सा टुकड़ा चबाना उसके अभ्यास में शामिल हो गया था। सुपारी

का टुकड़ा थमाते हुए चाची ने आले की ओर इशारा किया और कहा, "यहाँ आठ-दस सुपारी रख जाऊँगी, सरौता भी रहेगा।"

तब तक दिन काफी उठ आया था। रत्ती पाठशाला जा चुका था। चाची अपनी चिंता की धारा को समकूल रखने के लिए तकली लेकर बैठी। खाना वह देर से खाएगी।

बीच घर में बैठकर वह तकली कातने लगी--किर्र-किर्र-किर्र। (मिथिला की कुलीन ब्राह्मणियों के जीवन में इस तकली का बहुत बड़ा स्थान रहा है। कुटीरशिल्प का यह मधुर प्रतीक अब तो उठता जा रहा है, फिर भी जनेऊ के लिए तकली से निकले इन बारीक सूतों की आवश्यकता अनिवार्य समझी जाती है। फुर्सत का वक्त स्त्रियाँ तकली के सहारे बहुत आसानी से काट लेती हैं।) आठ-दस वर्ष की उम्र से लेकर जीवनपर्यंत तकली का और उनका साथ रहता है। कहते हैं, ईस्ट इंडिया कंपनी के शासन से पहले तकली चलती थी। तकली के ये सुंदर और महीन सूत मलमल बुनने के काम आते। परंतु अब तो यह वस्तु ब्राह्मणों के ही घरों में रह गई और इन सूक्ष्म और मनोहर सूतों का उपयोग सिर्फ जनेऊ तक सीमित रह गया है। हाँ, तो तकली की मृदु मधुर ध्वनि में एकरस होकर चाची सोचने लगी--इस समय अगर जयनाथ होते...अगर जयनाथ होते तो, उन्हें कुछ-न-कुछ प्रतिकार अवश्य करना पड़ता। यह गरीबी और इतनी असहाय अवस्था। विपदाओं का यह महाजाल। कौन मुझे उबारेगा? कुछ भी हो, मर्द फिर मर्द ही है।

चाची को एक-एक कर पुरानी बातें याद आने लगीं--सुखी माँ-बाप। भरा-पूरा बचपन। कुलीन, परंतु दरिद्र से विवाह। रोगी पति। घुन लगा हुआ दांपत्य। लड़का उमानाथ, लड़की प्रतिभामा। वैधव्य! सुदूर दक्षिण (भागलपुर) में लड़की का बेचना। ऋण से छुटकारा...ओह! उमानाथ जब सुनेगा कि उसकी विधवा माँ गर्भवती हो गई थी तो...।

उमानाथ की उम्र पंद्रह साल की थी। वह जिद्दी, गुस्सैल और पढ़ने में मंद था। प्रतिभामा सत्रह साल की थी, उसे ससुराल गए तीन-चार साल होने आ रहे थे। कुलीनता की दृष्टि से बहुत ही नीच, मूर्ख और चालीस साल के एक अधेड़ ब्राह्मण ने सात सौ नकद गिनकर उससे शादी की। छः महीने के बाद ही गौना कराकर ले गया और तब से प्रतिभामा फिर शुभंकरपुर की इस भूमि पर पैर नहीं रख पाई--

इतने में किसी के पैर की आहट पाकर चाची का ध्यान भंग हुआ। उसकी बोटी-बोटी काँपने लगी—हे भगवान्! यह कौन आ रहा है...कल किसी ने कहा था कि थाने में भी इस बात की खबर हो गई है।

उसका दिल धड़कने लगा। मुसीबत के इन दिनों में किधर से भी वज्रपात हो सकता है। कैसी भी अनहोनी हो सकती है। चाची को टोल-पड़ोस की एक-एक औरत दमयंती मालूम हो रही थी। हवा से उड़ा हुआ एक-एक तिनका खतरे से भरा मालूम होता था।

आहट बिलकुल करीब आ गई। चाची ने अपने को और कड़ा कर लिया—कोई भी हो, घबराना नहीं चाहिए। बदनामी तो फैल ही गई, अब और इससे अधिक क्या होगा? दारोगा फाँसी तो देगा नहीं। हाँ, पहरा ज़रूर बैठा सकता है। सरकार के कानून में गर्भ गिराना नाजायज़ है; तो क्या सोचकर अंग्रेज बहादुर ने यह कानून बनाया होगा, कि कोई भी विधवा भ्रूणहत्या नहीं कर सकती...चाची अब भी उसी रफ्तार से तकली कात रही थी। पूनी-पर-पूनी खत्म होती गई, मगर सोचने का धागा अपने छोर पर नहीं पहुँचा।

चाची के सामने जयनाथ खड़े थे। दाढ़ी बढ़ी हुई थी, चेहरा खिला हुआ। चाची की उँगली रुक गई, तकली का तकुआ ठिठक गया। कता हुआ सूत तकली में जल्दी-जल्दी लपेटकर उसने पूनियाँ और तकली डाली में रख ली।

जयनाथ ने कहा, "रहने दे उमानाथ की माँ! तुम क्यों उठती हो! पैर धोने के लिए लोटा-भर पानी घड़े से क्या खुद नहीं ले आऊँगा मैं?"

पर चाची तब तक पानी ला चुकी थी। वह अपने हाथों से ही जयनाथ के पैर धोने लगी, परंतु जयनाथ नहीं माने। खुद पैर धोने लगे।

"दातून भी नहीं किया होगा," चाची ने कहा, "ठहरो, ला देती हूँ।" दक्खिन की तरफ जो घर था, उसमें से वह साहड़ का दातून ले आई और जयनाथ को थमा दिया। बोली, "कल सुबह यह दातून रत्ती कहीं से लाया था। देखो न, अभी तक हरा है..." कपार पर आई एक रूखी लट को बाएँ हाथ से ठीक करती हुई चाची फिर बोली, "चार अच्छर लिखना तुम्हारे लिए पहाड़ हो गया! कोई ख़त नहीं, खबर नहीं! बड़े अजीब आदमी हो!"

जयनाथ ने कोई सफाई नहीं दी, मुस्कुरा भर दिए। गठरी में से उन्होंने अपनी धोती निकाल ली और दातून करते-करते स्नान करने चले गए।

3

बी.एन.डब्ल्यू (बंगाल नार्थ वेस्टर्न रेलवे) का एक छोटा-सा स्टेशन। नाम था–राजनगर। ग्यारह बजे रात की ट्रेन से चाची और जयनाथ उतरे। स्टेशन से बाहर आकर उन्होंने कोई बैलगाड़ी किराए पर कर लेना चाहा। पाँच कोस पैदल चलना चाची के बूते से बाहर था।

शुभंकरपुर से तारसराय स्टेशन महज कोस-भर पड़ता है। उतने में ही चाची को चार जगह बैठना पड़ा था और यह पाँच कोस का लंबा रास्ता बेचारी कैसे तय करेगी!

जयनाथ ने तय कर लिया था कि पाँच रुपया भी लेगा तो क्या, बैलगाड़ी बिना किए तरकुलवा नहीं जाएँगे। स्टेशन से बाहर, सड़क की ओर दस-बारह गाड़ियाँ थीं ज़रूर, लेकिन उनमें से एक भी तरकुलवा की नहीं थी। आसपास की थीं, पर उनके आरोही सुबह की ट्रेन से आनेवाले थे।

चाची का मन था कि किसी तरह किरण फूटने से पहले मैके पहुँच जाती। जयनाथ का भी यही विचार था और ठीक ही था। चाची जिस काम के लिए अपनी माँ के यहाँ जा रही थी, उसमें सराहना, खुशी और स्वागत की कल्पना ही नहीं की जा सकती। उसके मुँह पर तो कालिख पुती हुई थी। माँ न जीती होती तो तरकुलवा जाने की अपेक्षा वह यहीं कमला की धार में डूब मरना अधिक पसंद करती। उसे अपनी माँ के सरल, शीतल, दयालु स्वभाव पर बहुत भरोसा था, इसीलिए तो जा रही थी।

जयनाथ ने अपनी भाभी को वहीं सड़क पर एक ओर बैठा दिया और खुद निकले सवारी की तलाश में। उन्हें मालूम था कि दस-बारह इक्के भी राजनगर के स्टेशन पर मौजूद रहते हैं, लेकिन आज उनका भी पता नहीं था। कमला का

पुल पार कर जब वह आगे बढ़े तो पाकड़ के नीचे एक इक्का दिखाई पड़ा। मचान पर जो आदमी सो रहा था, वह जयनाथ के पैर की आहट पाकर जग गया है, उसने यह बात अपनी खाँसी से जाहिर कर दी। पूछने पर मालूम हुआ कि वह तरकुलवा पहुँचा देने को तैयार है, मगर छः रुपया से धेला भी कम न लेगा।

आख़िर साढ़े-पाँच पर सौदा पट गया। इक्केवाले ने कहा, "आप स्टेशन चलिए। घोड़ी को जोतकर अभी लाया।"

उन लोगों के पास सामान के नाम पर कुछ नहीं था। था क्या, आठ महीने का गर्भ। सही-सलामत तरकुलवा तक पहुँचने की ही उन्हें चिंता थी। इक्का आया तो उस पर इक्केवान से कहकर ओहार (पर्दा) डलवा दिया गया। इस काम के लिए जयनाथ ने अपनी ही धोती निकालकर दी थी।

चाची सवार हुई और जयनाथ चले पैदल। बाज़ार के बाद सड़क पर रोड़ियाँ नहीं थीं। बिलकुल कच्ची और देहाती सड़क हो और उस पर धूल और बालू न रहे तो इक्का मजे में चल निकलता है।

ज़रा-सी रात बाकी थी, कि वे तरकुलवा पहुँच गए। जयनाथ को चुम्मन झा (चाची के पिता) का घर मालूम था। इक्के को लिवाए सीधे वहीं पहुँचे।

इक्के से उतरकर चाची अपने बाप के आँगन में आ गई। उधर जयनाथ ने इक्केवाले को किराया देकर रवाना किया। इसके बाद वह खुद भी अंदर गए।

स्त्रियाँ अपने दामाद से हल्का-सा पर्दा करती हैं और जयनाथ ठहरे यहाँ दामाद के छोटे भाई साहब। खैर, अंदर जाकर जयनाथ ने देखा कि पच्छिमवाले घर के ओसारे पर माँ-बेटी दोनों एक-दूसरे से गले लगकर सिसक-सिसककर रो रही हैं।

जयनाथ के अंदर आ जाने पर रोने की इस धीमी आवाज़ में और भी अधिक धीमापन आ गया।

पैर छूकर प्रणाम करने पर वृद्धा ने आशीर्वाद दिया।

जयनाथ ने सोचा--खुल करके सारी बातें भाभी ने अपनी माँ से न कही होंगी और बिना कहे बनेगा नहीं। यह कठिन कर्तव्य मुझे ही करना पड़ेगा।

वृद्धा को अलग ले जाकर जयनाथ ने शांति और संकोच के साथ सारी बात समझा दी और कहा, "यहाँ मेरे रहने की कोई ज़रूरत नहीं। स्नान और भोजन के उपरांत मैं चला जाऊँ, यही अच्छा है। और...।"

अपने बटुवे में से जयनाथ ने दस रुपए के नोट निकाले। यह रकम वृद्धा के हाथ में थमाते हुए वे बोले, "इसकी चिंता नहीं कीजिए। बाबा विश्वनाथ की

कृपा से अभी इतना और निकाल सकता हूँ।"

वृद्धा ने आग्रहपूर्वक रुपए लेने से इनकार कर दिया। बोली, "गौरी (चाची) का कर्म ही फूट गया है तो इसमें किसी को क्यों मैं दोष दूँ? रही खर्चे की बात, सो कमला मैया की कृपा से सब ठीक हो जाएगा। आप ज़रा भी चिंता न करें। हाँ, किसी के साथ रतिनाथ को यहाँ भेज दें तो अच्छा होगा। मैं उसका मुँह देखना चाहती हूँ।"

स्नान और भोजन के बाद जयनाथ तरकुलवा से चल पड़े। चैत की दोपहर। धूप कड़ी अवश्य थी, परंतु वहाँ रहना जयनाथ ने बेकार समझा। इसके अलावा उन्हें इस बात की भी चिंता थी कि रत्ती घर पर अकेले कैसे रहेगा।

उन दिनों रेलवे-लाइन इस ओर जयनगर तक ही थी। उसके आगे नेपाल का इलाका पड़ता है और अब तो नेपाल सरकार ने जयनगर से जनकपुर तक अपनी रेल खोल ली है। उस दिन जयनाथ को शाम की ट्रेन मिल गई, पाँच मिनट की भी देर हुई होती तो गाड़ी खुल जाती।

राजनगर से मधुबनी, पंडौल, सकरी और तारसराय–चारों स्टेशन वह खड़े ही आए। नेपाली औरत-मर्द सिमरिया घाट जा रहे थे, गंगा नहाने। गाड़ी का वह डिब्बा उन्हीं से ठसाठस भरा हुआ था।

पहर रात बीतते-न-बीतते जयनाथ अपने घर पहुँचे। रतिनाथ अपने साथी नरेश के साथ उसी के घर में सो रहा था। जयनाथ ने उसे उठाया नहीं। सामान मौजूद था, खिचड़ी पका ली और खाकर सो गए।

सुबह उठते ही वह कुटी पर चले गए। यह कुटी गाँव से बाहर पूरब और बलुआहा पोखर के भिंड पर थी। वहाँ पंद्रह साल से एक महात्मा रहते थे, जिनका असल नाम कोई नहीं जानता था। सभी उन्हें तारा बाबा कहा करते, क्योंकि रोज सुबह-शाम आप 'माई तारा, माई तारा' बीस-पच्चीस बार इतने ज़ोर से चिल्लाते कि आस-पास के चारों-पाँचों गाँव उस सिंहनाद से परिव्याप्त हो जाते। उनकी धोती लाल-सुर्ख रहती थी। गले में हाथीदाँत के खरादे हुए दानों की माला थी। दाईं बाँह पर दो बड़े-बड़े रुद्राक्ष और एक बड़ा-सा मूँगा पहनते थे। दाढ़ी-मूँछ, बाल और नाखून कभी कटाते नहीं थे।

जयनाथ को तारा बाबा के प्रति बड़ी श्रद्धा थी। वह नित्य एक बार बाबा के दर्शन कर आते। मन की आकुलता ही सुबह-सुबह आज इस ब्राह्मण को वहाँ ले गई।

बिना किसी संकोच के जयनाथ ने तारा बाबा को उमानाथ की माँ के संबंध में आज सब कुछ बता दिया। सुनकर बाबा की आँखें चमकीं। वह बोल उठे, ''नाहक ही उस बेचारी को तुम तरकुलवा में छोड़ आए हो! मुझे क्यों नहीं कहा? सब ठीक हो जाता। खैर, फिर भी मैं एक यंत्र बनाकर दूँगा, भिजवा देना।''

अपने पिता के बारे में रतिनाथ को सोकर उठते ही मालूम हो गया कि लौट आए हैं। वह जल्दी से निबटकर रसोई करने लगा। चाची सब चीज़ें रख तो गई ही थीं। जब भात भी हो गया, दाल भी हो गई, बैंगन और सहजन की तरकारी चढ़ी थी तब आए जयनाथ। वह उधर से नहाते ही आए थे।

भगवान की पूजा जयनाथ आज स्वयं करने बैठे। वह अधिक पढ़े-लिखे नहीं थे, फिर भी एक कुलीन ब्राह्मण के साधारण दैनिक जीवन में जितनी उपासना और कर्मकांड की आवश्यकता होती है, उतना तो जानते ही थे। प्रातःस्मरण, संध्या-तर्पण, पंचदेवता पूजन (शिव, विष्णु, और दुर्गा का विशेष रूप से) चंडी (सप्तशती) पाठ...इतना बिना किए उन्हें चैन नहीं पड़ता। इसके अतिरिक्त, विद्यापति की महेशबानी भी जयनाथ बड़ी तन्मयता से गाया करते। सिद्धांत-कौमुदी और तर्कसंग्रह वह पूरा-पूरा नहीं पढ़ पाए। अपनी अल्पज्ञता पर उन्हें जीवन-भर पश्चाताप होता रहा।

करीब आधा घंटा पूजा में जयनाथ लगाते थे। यह गोल-मटोल मनोहर शालिग्राम नकली नहीं था, जिसे बनारस या जयपुर के कारीगर काले पत्थर से तराशकर बनाते हैं। यह भगवान् पाँच पुश्त से इस कुल में श्रद्धा और भक्ति के पात्र बने हुए थे। पलिवाड़ महावंश की यह शाखा 'झा' उपाधिवाली थी, जयनाथ के वृद्ध-प्रपितामह नीलमाधव उपाध्याय बहुत बड़े नैयायिक थे। उनकी विद्वत्ता से प्रभावित होकर मुर्शिदाबाद के नवाब ने पूर्णिया जिले में सौ बीघा ज़मीन लाखिराज ब्रह्मोत्तर के तौर पर उन्हें दी थी। जयनाथ के पितामह-भ्राता जगदानंद झा अच्छे ज्योतिषी थे। उनके दो भाई और थे। गृहकलह हुआ तो यह ब्रह्मोत्तर उन लोगों ने बेच डाला। उन्हीं नैयायिक नीलमाधव उपाध्याय को मुक्तिनाथ का दर्शन करके लौटनेवाले एक महात्मा ने यह शालिग्राम दिया था। नारायणी नदी (गंडक) का जहाँ उद्गम-स्थान है, वहीं यह दिव्य प्रस्तर उस महात्मा को मिला था। बेतिया के तत्कालीन महाराज के यहाँ एक बार नैयायिकजी गए थे, महात्मा ने उन्हें यह शालिग्राम दे दिया। महाराज ने इनकी महिमा सुनकर सोने का छोटा-सा सिंहासन बनवा दिया था। आज से चालीस साल पहले नैयायिकजी के प्रपौत्र इन्द्रमणि झा

ने गया से लौटते समय पटना में भगवान का वह सिंहासन बेच डाला। इन्द्रमणि को पुत्र का मुँह देखने की लालसा कभी पूरी नहीं हुई। हाँ, लड़कियाँ चार अवश्य हुईं। उन्हें अपने से भी उच्च कुल में कन्याएँ दान करने की सनक थी और मिथिला का ब्राह्मण, जो जितना ही कुलीन होता है, उसकी दरिद्रता भी उतनी ही बड़ी हुआ करती है। इंद्रमणि को भी अपनी तीन कन्याओं का भरण-पोषण आजन्म करना पड़ा, क्योंकि चार में से तीन दामाद परम अभिजात महादरिद्र और बिकौआ[1] थे। मरते वक्त, जो कुछ था, लड़कियों के नाम चढ़ा गए। इंद्रमणि जब मृत्युशय्या पर थे, तभी जयनाथ ने यह भगवान (शालिग्राम) उनसे माँग लिया था। आज पंद्रह साल से जयनाथ उनकी पूजा करते आ रहे हैं।

पूजा समाप्त करके वह खाने गए।

अपने पुत्र की सहनशीलता और कार्यक्षमता देखकर प्रसन्न होने का अवसर आज जयनाथ को यह पहली ही बार मिला हो, ऐसी बात नहीं है। अब तो रतिनाथ ग्यारह साल का हो गया है। पाठशाला में सबसे अधिक तीव्र बुद्धिवाला समझा जाता है। बहुत कम बोलता है। फुर्ती गजब की है उसमें। गरीबी के मारे बाप उसे हिंदी-अंग्रेजी स्कूलों में नहीं रख सका। और रसोई-वसोई तो जब रत्ती सात साल का था, तभी से करना जानता है। सातवें (गर्भस्थिति के अनुसार आठवें) साल की उम्र में उपनयन (यज्ञोपवीत-संस्कार) हुआ था। हाँ, मछली और मांस बनाना अभी उससे नहीं सपरता। पिता और पितियाइन (चाची) घरेलू कामों में रत्ती को कम उलझाते।

दो थालियों में परोस लिया गया था। दोनों बाप-पूत खाने बैठे।

---

1. बिकौआ उन्हें कहा जाता था, जो अपनी कुलीनता बेच-बेचकर अपनी जीविका चलाते थे। एक-एक व्यक्ति बाईस-बाईस तक शादियाँ करते थे। उनका जीवन ससुरालों में ही कट जाता था। समाज में उनकी काफी इज्जत थी। आदरपूर्वक आमंत्रित करके लोग उनसे अपनी कन्या का पाणिग्रहण करवाते थे। तीन-चार और पाँच दफे बिकनेवाले बिकौआ अब भी मैथिल ब्राह्मणों में यदा-कदा दिखाई पड़ जाते हैं। यह प्रथा अब मर चुकी है।

4

माँ-बाप ने चाची का नाम रखा था गौरी।

वह बहुत सुंदर थी। चेहरे में लंबाई-गोलाई की अपेक्षा फैलाव ही अधिक था। आँखें बड़ी-बड़ी। नाक नुकीली। कपार छोटा। बाल खूब काले और एड़ी तक लंबे। गोरी तो थी ही। गले की आवाज़ नरम और सुरीली थी। हाथ-पैर छोटे-छोटे, लाल और भरे हुए, मानो आम के पल्लव हों।

गौरी के इस सौंदर्य का रहस्य उसके माँ-बाप की भरी-पूरी गृहस्थी तथा निर्विघ्न जीवन में निहित था। चुम्मन झा के पास पच्चीस बीघा ज़मीन थी, उपजाऊ। चार सौ मन धान साल-साल होता था। एक बड़ा-सा कलमबाग था, जिसमें कलमी आम के पचासों पेड़ थे। मालदह, कृष्णभोग, बंबई, फजली, शाहपसंद, राढ़ी, भदई, दुर्गीलाल का केरवा, सुकुल, सिपिया, जर्दा—सब थे। किसी साल नागा नहीं जाता, सब साल फलता वह कलमबाग। चुम्मन झा पाँच पेड़ छोड़कर, बाकी खटिकों के हाथ बेच लिया करते। चार सौ, पाँच सौ और कभी छः सौ तक मिल जाता। इस तरह आम भी इनके लिए एक अच्छी फसल थी।

संतान कुल चार हुईं—दो लड़के और दो लड़कियाँ। एक लड़का और एक लड़की बची थी। लड़का जयकिशोर किसी जिला स्कूल में हेड पंडित था और बाल-बच्चे और पत्नी समेत बाहर ही रहा करता। उन दिनों शायद डाल्टनगंज में था। गृहपति को मरे सात साल हुए। अब गृहस्थी का सारा भार वृद्धा के कंधों पर था। जयकिशोर का मामा कभी-कभी इसमें अपनी बहन की मदद करता और अक्सर उसका रहना तरकुलवा ही होता।

तीन साल पहले छोटे भतीजे का मुंडन-छेदन हुआ था। पिछले दफे तभी गौरी यहाँ आई थी।

परिस्थिति की भयानकता का अंदाज लगाकर गौरी की माँ गुमसुम थी। जयनाथ जब चले गए, तब उससे नहीं रहा गया। गौरी की ठुड्डी छूकर कर्कश स्वर में उसने पूछा, "यह क्या कर आई है तू?"

साहस नहीं हुआ कि गौरी माँ की आँख से आँख मिलाती। माँ बोलती गई, "इस खानदान में जो किसी ने नहीं किया, इस अभागिन ने वही कर डाला! हे दुर्गा! हे बाबा कपिलेश्वर! अब मैं इसका क्या इलाज करूँगी? कब तक इस बात को मैं छिपा सकूँगी?"

नाखून से नाखून खोटती रही गौरी।

अभी तक किसी को मालूम नहीं हुआ था कि गौरी आई हुई है। लोगों ने जयनाथ को सिर्फ गाँव से जाते ही देखा। आए तब तो अभी कुछ रात बाकी थी।

भैंस की बीमारी के बहाने गौरी की माँ ने बुधना चमार की औरत को बुलवा भेजा। यह चमाइन इन कामों में उस्ताद थी। गाय, भैंस, औरत, घोड़ी, बकरी वह सबके काम आती। आसपास के दस-बारह गाँवों में उसकी शोहरत थी। गौरी की माँ के दो भैंसें थीं ज़रूर, मगर उन्हें कहाँ कभी कुछ हुआ? फिर भी बुधना चमार की औरत फौरन आई।

गौरी की माँ ने सारी बात समझा-बुझाकर चमाइन के हाथ पर पाँच-पाँच रुपए के दो नोट धर दिए, लेकिन वह सिर हिलाने लगी, "नहीं मलिकाइन, इतने में काम नहीं चलेगा। यह तो दवा का दाम भी नहीं होगा। मेरी मजदूरी आप क्या देंगी, बस इतना ही?"

"दो तो तुम्हारा बँधा हुआ है ही," गौरी की माँ ने कहा, "और मैं तो इतना-सा दे रही हूँ।"

मुस्कुराकर सिर हिलाते हुए चमाइन ने कहा, "यही बबुई तुम्हारी और भी तो दो बार यहाँ से बच्चे पैदा कर गई है। तब कहाँ मैंने तुमसे कुछ कहा, मलिकाइन? मगर आज तो मामला ही कुछ और है...।"

इतना कहकर वह गंभीर हो गई। ज़रा देर बाद बोली, "अगर थाने में किसी ने जाकर चुगली कर दी तो मुझे जेहल-डामुल होगा। तुम लोग तो धनवाली हो; हाकिम भी तुम्हारी तरफ़दारी कर लेगा। कितने जोखिम का काम है पेट गिराना! पता चल जाय तो सरकार मेरा सत्यानाश कर देगी...।"

गौरी की माँ पाँच रुपए का एक नोट और निकाल लाई, फिर भी वह राजी नहीं हुई। उसने कहा, "दस और देने होंगे। जब काम कर दूँगी तो अपनी खुशी

से आप कुछ-न-कुछ और दे दीजिएगा।''

चमाइन की बात पर गौरी की माँ ने ग़ौर किया। वह काफी प्रतिभाशाली स्त्री थी। समझ गई कि पच्चीस तो यह लेकर ही रहेगी। ज़रूरत ऐसी आ पड़ी है कि पचास पर भी अड़ जाए तो देना ही पड़ेगा। खैर, दस रुपए का एक नोट और भी वह निकाल लाई। देते हुए कहा, ''देखो, मेरी लड़की को इस मुसीबत से पार कर दो। पाँच-सात दिन के अंदर ही यह सब हो जाना चाहिए और गुपचुप।''

जीभ निकालकर चमाइन बोली, ''भला, यह भी क्या कहने की बात है, मलिकाइन? आपकी बदनामी क्या हमारी बदनामी नहीं है? पर एक बात कहती हूँ, माफ करना, बड़ी जातवालों की तुम्हारी यह बिरादरी बड़ी मलेच्छ, बड़ी निठुर होती है मलिकाइन! हमारी भी बहू-बेटियाँ राँड़ हो जाती हैं, पर हमारी बिरादरी में किसी के पेट से आठ-आठ, नौ-नौ महीने का बच्चा निकालकर जंगल में फेंक आने का रिवाज नहीं है। ओह, कैसा कलेजा होता है तुम लोगों का! मइया री मइया!''

गौरी की माँ निसाँस खींचकर भी कुछ बोलीं नहीं। अपनी लड़की के बढ़े हुए पेट पर उनका ध्यान गया और ऐसा लगा कि उसके अंदर एक सुंदर और स्वस्थ शिशु पड़ा हुआ है। आँखें मुँदी हुई परंतु पलकें लगातार फड़क रही हैं–ओ अभागे, तुम्हारा क्या कसूर? यही चमाइन तुम्हें गाँव के बाहर किसी झुरमुट के अंदर डाल आएगी! फिर कुत्ते और सियार नोच-नोचकर तुम्हें खाएँगे! जैसे और बच्चे अपनी माँ के पेट से समय पर बाहर आते हैं, तुम उस तरह समय पर गर्भ से बाहर नहीं निकल सकते। तुम्हारे जन्म से प्रसन्न हो सोहर गाए, ऐसी एक भी औरत नहीं होगी...मेरा बस चलता तो...।

''अच्छा मलिकाइन, अभी मैं चली। कल शाम को आऊँगी।'' इतना कहकर चमाइन आँगन से बाहर हो गई, लेकिन फिर लौट आई। कहा, ''ज़रा देख तो लूँ बबुई को।''

माँ ने कहा, ''पूरबवाले घर में है, आओ।''

गौरी को झपकी आ गई थी। आहट पाते ही उसने आँखें खोल दीं। चमाइन ने करीब जाकर देखा। बोली, ''आठवाँ महीना है। बबुई, नाहक तुमने बखत बर्बाद किया। पेट तीन या चार महीने तक काबू में रहता है। अब देखना, तंदुरुस्ती पर कितना बुरा असर पड़ता है।''

माँ को अंदेसा हुआ। उसने आँखें फाड़कर पूछा, "क्या री, गौरी की देह को फिर तैयार होने में बहुत दिन लग जाएँगे?"

"हाँ, मलिकाइन!" चमाइन घर से बाहर निकलती हुई बोली, "दुसंझी मालिश करवाती रहें तो पच्चीस दिन लगेंगे। हाँ, आज और कल बबुई को कुछ खाने नहीं देना।"

"आज अभी तो खा चुकी।" माँ ने कहा, "हाँ, रात और कल नहीं खाने दूँगी। तो तू कल रात आएगी न?"

"ज़रूर माईजी, आती तो मैं आज शाम को भी, मगर डीहटोल में सल्हेस[1] महाराज की पूजा है। भाव-भगत होगी। हमारे यहाँ के सभी जाएँगे देखने।"

इतना कहकर बुधना चमार की औरत चली गई। गौरी की माँ ने उँगली पर गिनकर हिसाब लगाया। बड़ी छुट्टियों में, खासकर गर्मियों में जयकिशोर गाँव अवश्य आया करते। इस बार भी आएँगे। माँ ने सोचकर देखा, आधा चैत बीत चुका है। अभी समूचा महीना बैसाख पड़ा ही है। जेठ के दशहरे से पहले शायद ही कभी जयकिशोर का स्कूल बंद हुआ हो। और, तब तक गौरी बिलकुल तंदुरुस्त हो जाएगी। इस गणित से उस वृद्धा को कुछ आश्वासन मिला। जयकिशोर बाबू बहुत ही अच्छी प्रकृति के आदमी हैं, फिर भी माँ को खटका था कि अपनी बहन के संबंध में यह कुकांड जब किसी तरह उन्हें मालूम होगा तो कुछ कहेंगे अवश्य। इसके अतिरिक्त, उमानाथ भी किसी-किसी साल आम खाने आता है। अपनी माँ के बारे में जब वह सुनेगा तो आश्चर्य नहीं कि कुएँ में कूदकर जान दे दे या माँ को ही मार दे। लड़की को छः मास, आठ मास अपने पास रखना माँ को और भी भारी लग रहा था। इन बातों को सोचते-सोचते वृद्धा का दिमाग जब पथरा गया तो एक बार फिर आप पूरबवाले घर में घुसी और गुस्से में आकर गौरी की ठोड़ी पर एक ठुनका लगा दिया। गौरी हाउ-हाउ करके रो पड़ी। आँखों से आँसू का धार जो बहने लगा, वह बंद होने का नाम ही नहीं लेता था। माँ जी कड़ा कर कुछ देर अवाक् खड़ी रही, फिर धम्म से वहीं बैठ गई और लड़की को अपनी छाती से लगाकर आप भी रोने लगी।

दरिद्र कुल में लड़की ब्याहने का ही यह दुष्परिणाम था। शुभंकरपुर के यह

1. सल्हेस दुसाधों का देवता है। पीपल, पाकड़ या बरगद के नीचे कुटी बनाकर उसमें सल्हेस की प्रतिमा स्थापित की जाती है। आकार-प्रकार में यह अश्वारोही सामंत की तरह लगते हैं।

वैद्यनाथ झा कुलीनता की दृष्टि से ही ज़रा बड़े थे। गौरी के पिता चुम्मन झा को स्वयं भी पीछे जाकर यह विवाह-संबंध असंतोषप्रद लगने लगा। जमाई महाशय, दमा के रोगी और प्रकृति के सुस्त थे। शादी के बाद तो पढ़ना जानबूझकर ही उन्होंने छोड़ दिया। ससुराल आते तो बीस-बीस दिन, पच्चीस-पच्चीस दिन तक पड़े रहते। शतरंज का इतना शौक था कि एक बैठक में दस-दस घंटे खेलते रहते। कमाकर शायद ही दो पैसे कभी झाजी ने अपनी स्त्री के हाथ पर दिया हो। जाते-जाते एक क्वाँरी लड़की और एक अबोध शिशु बेचारी के मत्थे ठोक गए। यह लोग औसत दर्जे के मध्यवित्त की एक लड़की को अपने यहाँ ले जाकर उसे नाना प्रकार के अभाव-अभियोगों की परिधि में डाल देते हैं। लड़की जिंदगी-भर अपने माँ-बाप को उलाहना देती रहती है। वैद्यनाथ को विरासत में सात बीघा खेत मिले थे। तीन बीघा शुभंकरपुर में और चार बीघा कोसी के किनारे (उत्तर भागलपुर में)। बस्ती का नाम था, रामगंज। वहाँ वैद्यनाथ का ननिहाल था। नाना को लड़का नहीं हुआ था। लड़की मात्र थी, तीन दौहित्र थे। कमलनाथ, वैद्यनाथ और जयनाथ। इन्हीं तीनों के नाम पर वह अपनी जायदाद चढ़ा गए। शुभंकरपुर के खेत तो वैद्यनाथ बेच-बेचकर खा ही गए थे, डेढ़-दो बीघा रामगंज में भी बंधक रख दिया था।

बहनोई की मृत्यु के बाद जयकिशोर ने चाहा कि गौरी हमेशा के लिए तरकुलवा ही रह जाए, मगर गौरी को यह प्रस्ताव स्वीकार नहीं हुआ। यह दूसरी बात है कि इस समय बेचारी एक विचित्र परिस्थिति में पड़ गई है, मगर यों गौरी की प्रकृति में स्वाभिमान की मात्रा कूट-कूटकर भरी हुई है। इसी कारण पितृगृह की अपेक्षा पतिगृह में रहना उसने पसंद किया। एक बार आग्रह करने पर अपनी माँ को गौरी ने कहा था, 'बाबू (पिता) ने कुश-तिल-जल लेकर मुझे दान कर दिया, फिर मेरा इस घर में रहना अनुचित नहीं होगा माँ? विवाहिता के लिए पितृकुल का अमृत भी पतिकुल के माँड़ या पीने के साधारण जल की तुलना में तुच्छ है। माँ, तभी तो तुमने अपनी नानी के धन पर लात मार दिया था। है न माँ?..." यह सब बातें एक-एक करके माँ को याद आती रहीं और उसकी आँखों से जल-प्रवाह जारी रहा।

न जाने कितनी देर तक माँ-बेटी रोती रहीं। शोक और पश्चाताप के इस समुद्र से उनका उद्धार तब हुआ, जबकि चरकर वापस आई हुई भुल्ली भैंस चरवाहे की लापरवाही से आँगन के अंदर घुस आई। उसके खुरों की खुट्ट-खुट्ट, खट्ट-खट्ट

ने माँ का भी और बेटी का भी स्थान एवं समय की ओर ध्यान खींचा। अपने को छुड़ाकर माँ घर से बाहर निकली तो देखा अमावस की संध्या अपने साज-सरंजाम लेकर आसमान से धरती पर उतर चुकी है। ऊपर ताकने पर एक तारा नज़र आया। गौरी की माँ ने चारों ओर घूम-फिरकर आसमान में दूर-दूर तक आँखें दौड़ाईं, परंतु दूसरा तारा न दिखाई पड़ा। तब हाथ जोड़कर उसने पहले तारे को प्रणाम किया और साथ ही यह श्लोक पढ़ा—

एकातारा मया दृष्टा द्वितीया नैव दृश्यते।
तद्दोप परिहाराय नारदाय नमोऽस्तुते॥[1]

नौकरानी ने आकर कहा, "रसोई में देर न हो जाएगी, मलिकाइन! क्या बात है? आज तबीयत कुछ ढीली देखती हूँ।"

गौरी की माँ ने कहा, "नहीं, कुछ नहीं सुक्खो! यों ही ज़रा सो गई थी। पानी भर चुकी घड़ों में?"

"हाँ, मलिकाइन! अब जाती हूँ।" उसने कहा। नज़दीक आकर गौरी की माँ बोली, "अपनी सास को ज़रा भेज देना। ज़रूरी काम है।"

"अच्छा!" सुक्खो चली गई। थाली में दिन का जूठा भात, दाल और कई किस्म की भाजियाँ लिए हुई थी। मेहमान की थाली में दुगुना भात परोसना कोई नई बात तो है नहीं। जयनाथ सवेरे ही खाकर चले गए थे। और, तब से अब तक करीब आठ-नौ घंटे खाने की यह सामग्री खुली पड़ी थी। सैकड़ों मक्खियाँ इससे परितृप्त हुई होंगी। जौ-मकई-मड़ुआ की रोटी खाकर तंग आए हुए सुक्खो के बच्चे देखते ही इस पर टूट पड़ेंगे, चाट-पोंछकर थाली साफ कर देंगे। सुक्खो, उसकी सास, उसका घरवाला सब ललचाई निगाहों से उस दृश्य को देख भर सकेंगे!

गौरी की माँ का खाना बनाने में मन नहीं लग रहा था, लेकिन कल मंगल है। प्रति मंगल को उपवास रखती है। अभी कुछ पेट में डाल देगी तो अच्छा रहेगा।

झटपट उसने आग जलाई। अदहन हो जाने पर चावल उसमें छोड़ दिए। उसी में चार-छः आलू चोखा के लिए डाल दिए। सुजनी डालकर बीच आँगन में लेटी रही। लेटे-लेटे सोचने लगी, 'इस तरह गौरी को मैं छिपाकर कब तक रख सकूँगी? इसी तरकुलवा में यह घटना क्या पहले कभी नहीं हुई है? अवश्य हुई

1. एक तारा तो मैंने देख लिया, दूसरा नहीं देख पा रही हूँ। हे नारद महाराज, इस दोष को दूर करने की नीयत से मैं तुम्हें नमस्कार करती हूँ–(देखना, किसी से झगड़ा मत लगाना)।

है, तब? चतुरा चौधरी की लड़की, मक्खन पाठक की पतोहू, पंडितजी की बहन...' गौरी की माँ के सामने का समूचा आसमान तारों से झलमल-झलमल कर रहा था। नक्षत्रखचित यह रजनी उसको वैसी ही लग रही थी, जैसी चाँदी के दस-पाँच गहनों से भूषित कोई साँवली औरत।...वह थोड़ी देर तक आँखें मूँदे रही, फिर मानो किसी निश्चय पर पहुँच गई हो, उसकी आँखें चमक उठीं। अंदर के संकल्प को वाणी का परिधान देने के लिए उसके होंठ फड़कने लगे। वह अपने आप ही बुदबुदाने लगी, 'कोई क्या कर लेगा हमारा? बिटिया को मैं प्याज की तरह ज़मीन के अंदर दबाकर नहीं रख सकती, इसके चलते जो कुछ हो। जिस समाज में हज़ारों की तादाद में जवान विधवाएँ रहेंगी, वहाँ यही सब तो होगा। मक्खन पाठक की पतोहू उढ़रकर पंजाब चली गई है, एक सिक्ख के साथ रहती है। मैं अपनी लड़की को झाड़ू से झाड़-पीटकर घर-निकाला और देश-निकाला दूँगी, सो मुझसे नहीं होगा, मेरे जीते-जी गौरी मुसलमान या सिक्ख के घर जाने को मजबूर नहीं की जा सकती...।'

भात तैयार हो चुका था। छिलके छीलकर गौरी की माँ ने चोखा बनाया। नमक, हरी मिर्च और सरसों का तेल डाला। थाली में भात परोसा। चमाइन मना कर गई थी, मगर माँ का दिल ठहरा, वह कहाँ माने? थोड़ा-सा भात एक छोटी थाली में भी परोसा। फूल की चमचमाती यह छोटी-सी थाली माँ का ध्यान अतीत की ओर खींच ले गई। जयकिशोर भी इसी थाली में खाकर बड़ा हुआ और गौरी भी इसी में खाकर बड़ी हुई। प्रतिभामा और उमानाथ ने भी कई बार इस थाली में खाया होगा। जयकिशोर बाबू के तीनों बच्चे इसमें खा चुके हैं। ममता के मारे माँ का हृदय छलकने लगा। वह पछताने लगी कि नाहक ही दिन में गौरी को एक ठुनका मार दिया! माँ हूँ, तभी तो आई है। नहीं तो मुजफ्फरपुर, पटना न भाग जाती? कहते हैं, अरिया समाज (आर्य समाज) की तरफ से बड़ा ही अच्छा इंतजाम है। विधवा हो चाहे कोई हो, वहाँ गरभ किसी का नहीं गिराया जाता। ठीक समय पर बच्चा पैदा होता है। माँ चाहती है तो बच्चे को रखती है, नहीं तो अरिया समाज ही बच्चे को रख लेता है। अच्छा है न। आख़िर अच्छे लोग नहीं हैं तो दुनिया कैसे चलती है!

सब ठीक-ठाक करके वह उठी और गौरी को ले आई खिलाने। वह आ नहीं रही थी, परंतु माँ ने कहा, "तो मैं भी नहीं खाऊँगी, जा।"

दोनों खाने बैठीं। दही का बर्तन नज़दीक में रख लिया।

5

रतिनाथ को अपनी माँ याद नहीं है। थोड़ा-सा आभास मात्र है। वह गौरश्याम थी। उसे दमा का रोग था। ज्यादातर वह लेटी ही रहती थी। बस, यही रत्ती को याद है। माँ का चेहरा कैसा था? कपार छोटा, आँखें न छोटी, न बड़ी। नाक नुकीली नहीं थी। माँ का प्रसंग छिड़ते ही एक भयानक दृश्य इस लड़के की आँखों के आगे नाच जाता था। वह नहीं चाहता था कि इस तरह का अप्रिय और भयानक दृश्य उसे याद आए। किंतु सिर्फ आँखें मूँद लेने से ही कोई बात मन में न आए, ऐसा तो कहीं हुआ नहीं।

क्या थी वह बात? यही कि रतिनाथ की बीमार माँ बिस्तर पर उतान लेटी पड़ी है और जयनाथ रौद्र रूप धरकर बेचारी की छाती पर बैठा है। हाथ में कुल्हाड़ी है और वह अपनी स्त्री की गर्दन रेतता जा रहा है। वह घिघिया रही है, लेकिन कोई भी इस नरमेध में हस्तक्षेप करनेवाला वहाँ मौजूद नहीं है...माँ घिघियाती है। साढ़े-तीन साल के अबोध रत्ती ने यह दृश्य देखकर दम साध लिया है। घर के कोने में बैठा हुआ वह कनखी से रह-रहकर अपनी माँ और बाप को देख लेता है...।

माँ की स्मृति के साथ यह भयानक चित्र रत्ती की आँखों के आगे आ जाता है। पिता के रुद्र स्वभाव के प्रति इस बालक के हृदय में प्रतिहिंसा की आग कभी-कभी सुलग उठती है। तनी भौंहों और चढ़ी आँखों से वह बाप की ओर घूरता है। जिसको चाची से सदैव घुल-घुलकर बातें करते पाया है, उसी का माँ के प्रति वह नृशंस और रूक्ष व्यवहार रतिनाथ की समझ से परे की बात थी। वह चार साल का था, तभी माँ मरी थी। माँ के बाद चाची ने ही उसकी देखभाल की है। अकारण क्रोधी स्वभाव के इस पिता से चाची ही उसे बचाती आई है। इन

बातों से रतिनाथ अपनी चाची के लिए जान तक देने के लिए हाजिर रहता। पिता के प्रति उसकी भक्ति या श्रद्धा बिलकुल दिखावटी थी। हृदय से वह चाची को ही बाप और माँ सब समझता था।

आँगन में तीन घर थे। दच्छिन, पूरब और उत्तर तरफ। पच्छिमवाला डीह खाली था। मिट्टी की तीन भीत और बाँस के छप्पर, खर (खढ़) के छाए हुए। पूरबवाला घर चाची का था। दच्छिन और उत्तरवाले घर जयनाथ के थे। कमलनाथ को शुभंकरपुर से न कुछ लेना था, न देना। अपने हिस्से की जायदाद उन्होंने इन्हीं लोगों के सुपुर्द कर दी थी। इसी तरह जयनाथ और उमानाथ की रामगंजवाली जायदाद का उपभोग कमलनाथ करते थे। कमलनाथ पढ़े-लिखे नहीं थे। उनके तीन लड़के थे, तीनों मूर्ख। यह मूर्खता, इन लोगों की चार-पाँच पुश्त की विरासत थी। मिथिला में कहावत है कि मूर्ख का लड़का मूर्ख हो सकता है, मगर पंडित का लड़का पंडित नहीं होगा। परंतु, पंडित का लड़का भी पंडित होता है, जैसे कि नीलमाधव उपाध्याय का पुत्र जयमाधव झा।

नीलमाधव के तीन लड़के थे–जयमाधव, वेणीमाधव और श्रीमाधव। इनमें दो अपठित थे, उनके जिम्मे खेती-बाड़ी का काम था। जयमाधव के दो लड़के हुए–सोनमणि और राजमणि। सोनमणि ने व्याकरण का अध्ययन काशी में रहकर किया था। सोनमणि के एकमात्र लड़का हुआ, इंद्रमणि। वही मूर्ख भगवान् के छत्र-सिंहासन बेचकर खा गया। कमलनाथ आदि श्रीमाधव के प्रपौत्र थे। वैद्यनाथ ने पढ़ना आरंभ किया था, परंतु ब्याह के बाद उनकी पढ़ाई शीघ्रबोध और मुहूर्त्त चिंतामणि तक ही सीमित रह गई।

आँगन में पच्छिमवाला डीह खाली पड़ा था। उस पर मौसम के मुताबिक भिंडी, बैंगन, मिर्ची वगैरह उपजाया जाता। इस वास-स्थान से पूरब तालाब था, दच्छिन बाग और बाँस। बाग में चार ही छः आम के पेड़ थे। दो पेड़ कटहल के, एक बड़हल का, एक सहजन का। अड़हुल, इंद्रकमल, करवीर, कनैल, थलकमल, थल-कुमुदिनि, हरसिंगार, बेला–दो-दो, एक-एक झाड़ इन फूलों के थे। जम्बीरी नीबू का भी एक बड़ा-सा झाड़ था। तालाब में रोहू, ब्वारी, भाकुर से लेकर सिंगी, माँगुर, इंच्वा, पोटी, यानी बड़ी-से-बड़ी और छोटी-से-छोटी मछलियाँ थीं। तालाब में इन लोगों का अठारहवाँ हिस्सा पड़ता था। तीनों भाइयों के बीच नौ बीघा खेत था, सो अलग। पुरखों की लगाई हुई अमराई थी, छठवाँ भाग उसमें भी होता था। दस कट्ठा ज़मीन ऐसी थी जिसमें खढ़ होता था। घर छवाने के लिए खढ़-वर इन्हें

खरीदना नहीं पड़ता था। एक परिवार बहिया (खबास) का था, कुल्ली राउत का। कुल्ली राउत का परदादा ठीठर राउत था। उसने सात रुपए में अपने को रतिनाथ के परदादा के हाथ बेच दिया था।

गृहस्थी के उपयुक्त सबकुछ था, लेकिन करनेवाला कोई नहीं था। जयनाथ का मन खेती-बाड़ी में लगता तो घर की यही हालत रहती? सारे खेत बटाई पर लगे हुए थे। पूरी उपज घर में नहीं आती थी। साल-साल कुछ खेत बेचना या रेहन रखना पड़ता था। उमानाथ की माँ भला कर ही क्या सकती थी? कोई टोकता तो जयनाथ कह उठते—का चिंता मम जीवने यद हरिर्विश्वम्भरो गीयते? यदि भगवान् का नाम विश्वंभर है तो फिर चिंता किस बात की? खेत जोता ही रह जाएगा यदि बारिश न हो। धन्य भगवान् कि धान उपजता है, कि हमारे-तुम्हारे मुँह में दोनों जून पाँच-पाँच कौर भात जाता है! धन्य भगवान्!

जयनाथ को इस बात का बड़ा अभिमान था कि वह ब्राह्मण हैं। पूजा-पाठ, गप-शप, सैर-सपाटा, बाबा वैद्यनाथ, बाबा विश्वनाथ, दुर्गा-तारा-काली—इनकी चर्चाओं के अतिरिक्त यदि और कोई वस्तु जयनाथ को प्रिय थी, वह थी विजया बनाम भंग भवानी। बंभोले की बूटी का समय पर सेवन हो, वह इसके पाबंद थे। जब आधा पहर दिन रहता, तब जयनाथ के नित्यकृत्य का यह महत्त्वपूर्ण अध्याय आरंभ हो जाता। इस सिलसिले में वह मौलवियों का दृष्टांत बड़े ही उल्लासपूर्वक दिया करते, 'देखो, मौलवी लोग कहीं भी हों, गाड़ी पर चाहे नाव में, जल में चाहे थल में, परंतु नमाज का समय जहाँ आया कि अँगोछा बिछाकर चट से घुटने टेक देंगे! आहा हा हा!! कितनी तत्परता है!' और, तब जोर-जोर से जयनाथ भंग रगड़ने लगते। उनका दीप्त चेहरा और भी दीप्त हो उठता। बीच-बीच में सोटे को रोककर कुंडी की ओर गौर से देख लेते और बोल उठते—स्वधर्मे निधनं श्रेयः परधर्मो भयावहः।

औरत मर गई तो लोगों ने कहा था, 'दूसरी शादी कर लो जयनाथ, नहीं तो घर बर्बाद हो जाएगा। लड़का अभी बहुत छोटा है, उसकी देखरेख के लिए भी तो कोई चाहिए।'

'नहीं-नहीं' जीभ निकालकर और दोनों हाथ दोनों कान पर डालकर जयनाथ तब बोले थे, 'हरे-हरे! इतना हल्का मुझे मत समझिए। जगदंबा की कृपा होगी तो दस वर्ष में रत्ती ही इस योग्य हो जाएगा। मैं तो अब यही प्रयत्न करूँगा कि देवघर या विन्ध्याचल में कोई मारवाड़ी अपने राम के लिए छोटी-सी एक मड़ैया

डलवा दे, बस।'

सुननेवाले अवाक् रह गए थे।

कुछ साल जयनाथ रत्ती को इधर-उधर टाँगते फिरे, पीछे लड़के ने एक दिन झुँझलाकर कहा, 'इस तरह मैं पढ़ नहीं सकूँगा, भुट्टू और टुन्नी मेरे सहपाठी थे, अब वे मुझसे एक दर्जा आगे हैं।'

उमानाथ की माँ ने भी समझाया। जयनाथ इस बात पर राजी हो गए कि लड़का गाँव में ही रहे और संस्कृत पढ़े।

तभी से रत्ती अपनी चाची के पास रहता आया है।

उमानाथ बूढ़ानाथ पाठशाला (भागलपुर) में रहकर पढ़ रहा था। इससे पहले कुछ दिन वह अपने मामा के पास मोतिहारी में रहा। बुद्धिमंद होने के कारण अपने पाठ उसे कभी याद नहीं हुए। हिसाब में जोड़ना जैसे-तैसे उसको आ गया, लेकिन गुणा और भाग दिमाग में घुसा ही नहीं था। घर से आया हुआ घी पिघलाते समय उमानाथ की असावधानी से कड़ाही ही उलट गई, सारा घी राख और चूल्हे की गरम मिट्टी पी गई। मामा ने भांजे को इस अपराध के लिए दो तमाचे लगाए तो भागकर वह भागलपुर चला गया अपने एक साथी के पास, पाँच साल से वहीं है। प्रथमा में पिछले साल फेल किया था, इस साल पास कर जाने की संभावना है। गीता भाषाटीका बाँचकर सुनाने से एक मारवाड़ी सीधा-सामान देता है। रोज मालिश करवाकर पंडितजी कहीं से दो रुपया मासिक और दिलवा देते हैं।

वह घर बहुत कम आता है। एक बार रत्ती से भी उमानाथ ने कहा था भागलपुर चलने के लिए। परंतु रत्ती ने जवाब दिया, 'मध्यमा तक तो गाँव में भी पढ़ा जा सकता है भैया, फिर कहीं क्यों ले जाओगे?'

रत्ती का कहना यथार्थ था। पंडितों के इस गाँव में छोटी-बड़ी दो पाठशालाएँ थीं। एक लोअर प्राइमरी स्कूल था। छोटी पाठशाला के अध्यापक का नाम था पंडित योगानंद ठाकुर, व्याकरणाचार्य। प्राइमरी स्कूल के मास्टर थे जयवल्लभलाल दास। वह पुराने थे। हमेशा एक खजूर की छड़ी उनके पास पड़ी रहती थी। लड़कों को पीटते भी खूब थे और पढ़ाते भी खूब थे। बड़ी पाठशाला का नाम था, 'श्री तारिणी संस्कृत टोल' शुभंकरपुर। यह चटसाल बहुत पुरानी थी। बिहार जब बंगाल सरकार की मातहत था, तब संस्कृत पाठशालाएँ टोल कहलाती थीं। वही पुराना नाम अब तक इस पाठशाला का चला आ रहा था। पंडित भी इसके बहुत ही वृद्ध थे, नाम था बबुअन मिश्र। व्याकरण और धर्मशास्त्र में आप बड़े ही निष्णात

थे। दूर-दूर से लोग पतिया-प्रायश्चित्त लिखाने आते। आसपास के इलाकों में धार्मिक बातों को लेकर जब वाद-विवाद उपस्थित होते तो फैसला आप पर ही निर्भर करता। मिश्रजी के पास बड़ी उम्र के छात्र ही पढ़ा करते।

जयनाथ को अब यही महत्त्वाकांक्षा थी कि लड़का पढ़-लिखकर अच्छा पंडित बने। रतिनाथ था भी पढ़ने में खूब तेज। अपने साथियों में हमेशा वह बीस ही रहा। उसकी मंशा थी हिंदी-अंग्रेज़ी पढ़ने की, मगर जयनाथ मास्टर को फीस देने में बराबर आनाकानी करते। लोअर प्राइमरी का इम्तिहान देकर पिछले साल रत्ती आया तो अपर प्राइमरी की किताबें बाप से माँगीं। इधर-उधर टोह लेकर जयनाथ को जब पता चला कि चार-पाँच रुपए सिर्फ किताबों में ही लग जाएँगे तो तय किया—नहीं, कभी नहीं! यह नहीं हो सकता। प्रातःस्मरणीय नीलमाधव उपाध्याय का वंशधर म्लेच्छ भाषा पढ़ेगा? उस दिन धरती उलट जाएगी और आसमान से अंगारे बरसने लगेंगे! वकील बालस्टर बनकर प्याज-लहसन और अंडा नहीं खाना है रत्ती को, उसे तो अपने पूर्वजों की कीर्ति-रक्षा करनी है...बस, एक फटा-मैला अमरकोष कहीं से उठा लाए और बेटे के हाथ में उसे थमाते हुए कहा, 'क्या करना है अंग्रेजी पढ़कर, क्रिस्तान बनना है! लो यह अमरकोष, जिस दिन यह कंठस्थ हो जाएगा, उस दिन तीनों लोक तुम्हारे लिए हस्तामलक हो जाएँगे। क्या समझते हो, मैंने ज्यादा पढ़ा है? नहीं-नहीं, बेटा, यही अमरकोष थोड़ी लघु (कौमुदी) थोड़ा सिद्धांत (कौमुदी)! बस! फिर भी देखो, लोग मुझे पंडितपछाड़ कहते हैं।'

सिर से पैर तक रतिनाथ ने अपने पिता को देखा और फटा हुआ अमरकोष ले लिया। मन-ही-मन उसे बहुत अफसोस हुआ कि प्राइमरी स्कूल के पुराने साथियों से बिछुड़ना पड़ेगा। जयनाथ बोले, 'दो पन्ने इसमें नहीं हैं, सो मैं पाठशाला जाकर किसी से लिखवा दूँगा। एक दुअन्नी लगेगी जिल्द में, कोई बाज़ार जाएगा तो वह इसे लेता जाएगा और बँधवा लाएगा। और हाँ, 'विद्यारंभे गुरुः श्रेष्ठः' मतलब यह कि बृहस्पतिवार को विद्या का आरंभ करना अच्छा है। आज कौन-सा दिन है?'

'शनीचर?' रत्ती बोला।

जयनाथ ने उँगली पर हिसाब लगाकर कहा, 'शनि एक, रवि दो, सोम तीन, मंगल चार, बुध पाँच और बृहस्पति छः। आज से छठवें दिन हमारे साथ तुम चलना। योगानंद ठाकुर की पाठशाला में जय गणेश, जय गणेश करके अमरकोष

आरंभ कर देना।'

सिर झुकाकर रतिनाथ ने पिता का आदेश मंजूर किया, परंतु हृदय उसका रो रहा था।

रत्ती अपने बाप से बहुत डरता था। ज़रा-ज़रा-सी बात पर जयनाथ उसे पीटते थे। पिटाई में वह इस बात का ख्याल नहीं रखते कि दस-ग्यारह साल का बच्चा है, कोमल शरीर और लचीली हड्डियों में चोट ज्यादा लगती होगी। छड़ी, कलछी, चैला, लोढ़ी जो भी हाथ में पड़ जाता, उसी से पीटने लगते। कभी-कभी खंभे में कसकर बाँध देते। एक दफे गर्दन पकड़कर ऊपर उठा लिया और धरती पर पटक दिया था। ये घोर दंड उसे किन अपराधों के कारण सहने पड़ते? बहुत ही मामूली अपराध हुआ करते। खाते समय ज़मीन पर ज़रा पानी डुल गया। थाली में थोड़ी दाल बाकी रह गई। पैसा या अधेली चुरा ली। तालाब में नहाने गए तो हाथ-पैर पटककर ज़रा तैर लेना चाहा। पेड़ पर चढ़कर अमरूद खाते समय नाखून-भर खरोंच लग गई। लुक-छिपकर कहीं तमाशा देखने निकल गए। इसी किस्म के अपराध हुआ करते थे। पिता के भय से रतिनाथ जी-भर कभी दौड़ नहीं लगा सकता था। खिलखिलाकर खूब हँसना उसके लिए स्वप्न की वस्तु थी। पेड़ पर चढ़ना कल्पनामात्र थी।

चाची उसे बहुत बचाती थी। इसी से उसका रोम-रोम चाची के प्रति कृतज्ञ था। किसी के मुँह से चाची की शिकायत जब सुनता तो गुस्से के मारे उसके छोटे-छोटे नथुने फड़कने लगते।

और अभी चाची नहीं थी। जयनाथ ने एक दिन कहा था, "उमानाथ की माँ बीस-पच्चीस रोज में लौटेंगी।" यह अरसा रत्ती के लिए पहाड़ था। बहुत ही बच-बचकर उसे चलना था। रसोई तो खैर जयनाथ खुद भी खुशी-खुशी कर लेते थे। घर के और कामों में भरसक रत्ती भी हाथ बँटाता। बचा हुआ समय वह पढ़ाई में लगाता। इंद्रमणि के घर में रामायण का एक बड़ा-सा पोथा था—तुलसीदासी। रत्ती ने निश्चय किया कि पाँचों दिन वह रामायण बाँचने में लगा देगा। डरते हुए उसने बाप से अपनी यह इच्छा प्रकट की। वह राजी हो गए।

इंद्रमणि स्वयं तो अब थे नहीं। तीनों लड़कियाँ बाप के वैभव की मालकिन थीं। चौथी लड़की चूँकि बिकौआ की औरत नहीं थी, ससुराल में ही रहती थी, उसका पति धनी था। ससुर की जायदाद में हिस्सा बँटाने की उस भले आदमी की कभी इच्छा ही नहीं हुई। ये तीनों लड़कियाँ भी एक-दूसरे से अलग हो गई

थीं। दस-दस बीघा खेत एक-एक के बखरे पड़ा था। तीन में से एक निःसंतान थी। एक के एक लड़का और दूसरे के दो लड़कियाँ थीं। तीनों नाममात्र की सधवा थीं। पाँच दिन में रत्ती अयोध्याकांड के अंत तक पहुँच गया।

बृहस्पतिवार के दिन रतिनाथ ने पाठशाला में जाकर अमरकोष आरंभ किया। जयनाथ ने अपने बटुए से एडवर्ड छाप का एक रुपया निकाला और लड़के के हाथ पर धर दिया। कहा, "गिरो पंडितजी के पैरों पर, प्रणाम करो।"

रत्ती ने रुपया गुरुजी के पैर पर रख दिया, फिर प्रणाम किया। गद्‌गद होकर पंडितजी ने आशीर्वाद दिया, "आयुष्मान् भव। विद्यावान् भव!"

6

अगले दिन सुबह तरकुलवा के लोगों को मालूम हो ही गया कि गौरी आई है। कब आई, क्यों आई, कैसे आई–इस जिज्ञासा ने पुरुषों से अधिक स्त्रियों को ही चंचल बनाया। लोगों को इतना-भर पता लग सका कि कलेजे की बीमारी है, डॉक्टर ने हिलना-डुलना तक मना कर रखा है।

लेकिन इससे क्या? लोग तो हिल-डुल सकते थे। उनका तो घर से निकलना वर्जित नहीं था?

आहिस्ते-आहिस्ते एक-एक, दो-दो करके टोल-पड़ोस की औरतें जयकिशोर बाबू के आँगन में आने-जाने लगीं। गौरी की माँ ने अपने दिल को काफी मज़बूत बना लिया था–कोई आए, कोई देखे। मेरी लड़की किसी का गला काटकर तो आई नहीं।

गौरी भाई के खाली पलंग पर लेटी पड़ी थी। दूर के रिश्ते की दो भाभियाँ बिलकुल करीब आ गईं, और गौर से घूरते हुए पूछा, "लली, आखिर क्या हो गया है तुम्हें? चेहरा पीला पड़ गया है, बदन पर खून का नाम नहीं है। नाखून सफेद पड़ गए हैं। यह क्या हो गया है तुम्हें?"

गौरी कुछ बोली नहीं। मन-ही-मन अपनी स्त्री-जाति पर उसे क्रोध हुआ–ओ अभागी औरतो! मुझे क्या हो गया है, यह तुम भलीभाँति जानती हो। तुम्हें रत्ती-रत्ती पता है कि इस तरह का चेहरा एक स्त्री का कब होता है। इस तरह की झेंप, इस तरह का संकोच किसी विधवा की मुखाकृति पर कब छाया रहता है, यह भी तुम भलीभाँति जानती हो। फिर क्यों मेरा दिमाग चाटने आई हो? तुम्हें जिसका खटका है, उसी दुर्भाग्य का मैं शिकार हूँ। मेरी नियति के साथ क्यों मखौल करने आई हो...।

उनमें से एक बिलकुल पास आकर गौरी को देखने लगी। ज़रा देर बार आहिस्ते से उसने अपना हाथ गौरी के सीने पर रख दिया। चट से गौरी ने उसका हाथ पकड़ लिया, "नहीं, मुझे कुछ नहीं होता है, भाभी। छोड़ दो।"

उसकी आँखों की कड़ाई से भाभी सकपका गई। दो कदम पीछे हटकर उसने कहा, "नहीं लली, यों ही मैं देख रही थी। किसी ने कहा, तुम बीमार होकर यहाँ दवा कराने आई हो, सो मैं ज़रा देखने चली आई।"

इतनी देर बाद अब दूसरी भाभी ने मुँह खोला, "सुनती हूँ, कलेजे में दर्द होता है।"

गौरी कुछ बोली नहीं। घूरकर रह गई।

जिस उल्लास से ये दोनों स्त्रियाँ गौरी के पास आई थीं, वह मर गया। पत्थर पर तीर मार-मारकर उन्होंने अपने तरकस खाली कर दिए, तो चलीं गौरी की माँ से बातें करने। वह अजवायन सुखा रही थी। खुद छाँह में बैठी थी और आध सेर के करीब अजवायन आँगन में पड़ी सूख रही थी। ये स्त्रियाँ जो रिश्ते में उसकी पतोहू होती थीं, दिखावटी नम्रता से एक ओर खड़ी हो गईं और इशारे से पूछा, "चाची, इस अजवायन का क्या करोगी?"

गौरी की माँ को लगा कि समूचे गाँव ने मुझे चिढ़ाने के लिए इन्हीं दोनों छोकरियों को भेजा है। वह बाघिन की भूखी आँखों से उन्हें घूरने लगी कि इतने में उन्हीं में से एक बोली, "बहना, पटुआ का साग अजवाइन से छौंकने पर बहुत ही स्वादिष्ट हो जाता है। इतनी-सी मामूली बात आश्चर्य है, कि तुम नहीं जानतीं।"

अब गौरी की माँ से न रहा गया। उन्हें विश्वास हो गया कि जानबूझकर ये मुझे बनाने आई हैं। मगर उसने अपने आवेश को दबाया, और बोली, "बेटी, यह दवा में काम आती है।" ज़रा रुककर उसने फिर कहा, "कहाँ आई थीं, गौरी को देखने?"

आधी घूँघट के अंदर से सिर हिलाकर दोनों ने जतलाया–"हाँ"। और आँगन से बाहर हो गईं। गौरी की माँ बड़बड़ाने लगी, 'लुच्ची कहीं की! अजवायन का और क्या होता है, दवा बनती है, वह दवा जोकि ब्याने के बाद औरतें खाती हैं। जान-बूझकर मुझे चिढ़ाने आई थीं।'

उसके बाद दिन-भर फिर कोई नहीं आया। शाम को सुक्खो की सास आई। उसने बतलाया कि कैसे गाँव-भर में गौरी की चर्चा हो रही है। कि कैसे इस घटना

को लेकर औरतें छी-छी, थू-थू कर रही हैं। मर्दों का लोकमत क्या है, इस बारे में सुक्खो की सास ज़रा भी जानकारी नहीं रखती थी। सबकुछ सुन-समझकर गौरी की माँ बोली, "अब तो बात फैल गई, जानत सब कोई!"

थोड़ी देर चुप रहकर फिर छाती ठोंकती हुई वह बोली, "देखें, कौन क्या बिगाड़ता है? मैं रुई का फाहा नहीं हूँ कि लोग फूँक देंगे, और उड़ जाऊँगी। मर्द हो तो सामने आकर कोई कहे।"

सुक्खो की सास ने अपनी मलिकाइन को शांत किया। जाते-जाते वह कहती गई, "जब तक इस जर्जर देह में साँस बाकी रहेगी, गौरी की माँ, तब तक किसकी मजाल है जो तुम्हारी ओर उँगली उठाए।"

पहर-भर रात बीती कि चमाइन आई।

गौरी की माँ को इस बात का खतरा था कि कहीं लड़की के प्राण न निकल जाएँ। परंतु बुधना चमार की औरत इन कामों में बहुत होशियार थी। उसने कह दिया, "नहीं मलिकाइन, खतरा किस बात का? यह मेरे लिए कोई नई बात तो है नहीं, ऐसा मौका तो आता ही रहता है। चार मास का, छः मास का, आठ मास का, पेट चाहे कितना ही असाध हो, इन हाथों के लगते ही सब ठीक हो जाता है, कमला मैया की कुछ ऐसी मेहरबानी है...।"

माँ ने दक्खिन की ओर मुँह करके दोनों हाथ उठा लिए और आर्त स्वर में गुनगुनाई, "दोहाई बाबा बैजनाथ की! इस मुसीबत से राजी-खुशी मेरी लड़की निकल गई, तो गंगाजल भरकर मैं सुल्तानगंज से तुम्हारे धाम पहुँचूँगी।"

इतना कहकर छलछलाई आँख और भर्राई आवाज़ से नाम लेकर बाबा बैजनाथ को उसने प्रणाम किया।

चमाइन अपने काम में लगी।

7

तारा बाबा की उम्र सत्तर साल से कम न होगी। उनके प्रति लोगों की बहुत ही गंभीर श्रद्धा थी, बतला ही चुके हैं। शुभंकरपुर की मिट्टी से उन्हें एक प्रकार का मोह हो गया था। साल-डेढ़ साल बाद वह विन्ध्याचल या पशुपतिनाथ की यात्रा में निकला करते थे। डेढ़-दो महीने बाद वापस आ जाते। फिर वही गाँव, फिर वही कुटी।

गाँव से पूरब बलुआहा पोखर था। कहते हैं, खोदते समय उसमें से इतना बालू निकला कि उसका नाम ही बलुआहा पड़ गया। यह पोखर शुभंकरपुर गाँव के मालिक राजा बहादुर दुर्गानंदन सिंह का था। आपके परदादा महाराजकुमार गणेशसिंह ने इसे खुदवाया था। बाईस बीघा ज़मीन पानी के अंदर पड़ती थी। आठ बीघा ज़मीन भिंड (भींड़, भीट) थी। आसपास पाँच कोस में ऐसा तालाब नहीं होने से बलुआहा पोखर इलाके-भर में मशहूर था। चौगवाँ के धनी मल्लाह इस पोखर की मछलियों का ठेका लिए हुए थे। उन्हें दो हज़ार रुपया जल-कर के तौर पर ज़मींदार को प्रतिवर्ष देना पड़ता था। मछलियाँ इतनी अधिक निकलती थीं कि कम-से-कम छः हज़ार रुपए बिक्री से आ जाते थे। इसका मतलब यह नहीं कि तालाब की मछलियों का स्वाद गाँव के लोगों की लालसा तक सीमित था। प्रकट और अप्रकट रूप से गाँव के लोग काफी मछलियाँ पीटते थे। बड़ी और छोटी सभी किस्म की मछलियाँ! कहने को गाँव में और भी कई पोखर थे, मगर उनकी मछलियाँ लोगों की पारखी जीभ को रुचती नहीं थीं।

यह तो हुई मछली की बात। पानी का यह हाल था कि भारी से भारी अकाल में भी बलुआहा पोखर पास-पड़ोस के दस गाँवों की टेक रखता था। कभी उसका पानी खराब होता नहीं देखा गया। बरसात के दिनों में वह समुद्र जैसा

लगता था। शरद् ऋतु की चाँदनी में नील निर्मेघ आकाश बिखरे नक्षत्रों की अपनी जमात के साथ बलुआहा पोखर के श्यामल वक्षस्थल पर जब प्रतिफलित हो उठता, तो भिंड (भीट) पर बैठे हुए निपट निरक्षर दुसाध-मुसहड़ भी कवि की तरह उसाँसें भरा करते। उन्हें जाने अपने जीवन की मधुमय घड़ियाँ एक-एक कर याद आतीं, या क्या!

हेमंत की हल्की ठंड में सिल्लियों और बनमुर्गियों का झुंड बलुआहा के निर्मल जल में घने सेंवार पर इधर से उधर छप-छप करके दौड़ा करता। शिशिर की नीरव निस्तब्ध निशा में रह-रहकर एक-आध बड़ी मछली पानी पर उतराकर अपने पर फटकारती तो ठिठुरती प्रकृति के वे एकांत क्षण मुखरित हो उठते। बसंत में ग्रामीण बालक-बालिकाएँ लाख मना करने पर भी अपना जल-विहार आरंभ कर देते। बैसाख और जेठ के महीने में तो मानो वरुण देवता का खजाना धनी-गरीब, बूढ़े-बच्चे, औरत-मर्द सभी के लिए खुल जाता। इन्हीं दिनों मछुए महाजाल डालकर बलुआहा की तमाम बड़ी मछलियाँ निकाल लेते। बरसात के दिन भी भूलने के नहीं हैं। बाहर से जब पानी का रेला आता तो इस पोखर की बची-खुची मछलियाँ बाहरी दुनिया की सैर करने निकल पड़तीं। उनका वह अभियान स्वाद-लोलुप ग्रामीणों के लिए महोत्सव का द्वार उन्मुक्त कर देता। मतलब यह कि चौमासे में भी काफी मछलियाँ मारी जातीं। आश्विन और कार्तिक की कड़वी दुपहरियों में काँटे डालकर मछलियाँ फँसाना देहाती जीवन का एक बड़ा रोमांस है।

भिंड पर चारों ओर बरगद, पीपल, पाकड़, मौलश्री, आम और जामुन के पेड़ थे। गर्मी, बरसात और जाड़े के दिनों में चरवाहों और राहगीरों के वे माँ-बाप थे। अपनी शरण में आए हुए पशु-पक्षियों के लिए भी उनमें अपार ममता थी। कीड़े-मकोड़े तक उनकी स्नेह-सुधा से वंचित न थे।

इसी पोखर पर तारा बाबा की कुटिया थी।

बाबा थे तो फक्कड़, मगर अपने जीवन का भेद उन्होंने किसी से कभी नहीं कहा। बड़ी मुश्किल से इंद्रमणि ने यह पता लगाया था कि आप बड़े उच्च कुल के ब्राह्मण हैं और सौतेली माँ से अनबन हो जाने के कारण संसार के प्रति विरक्त हो गए हैं।

आश्विन के महीने में बड़ी धूमधाम से बाबा दसभुजा दुर्गा की पूजा किया करते। शुभंकरपुर से उत्तर, नज़दीक ही छोटा-सा एक गाँव पड़ता है, परसौनी। वहाँ के वंशीमंडल प्रतिमाएँ बनाने में बहुत ही कुशल थे। यह गुण उनमें अपने

पूर्वजों की परंपरा से आया था। आजकल तो लोगों में इन बातों की ओर से काफी उदासीनता दिखाई देती है, परंतु सौ-पचास साल पहले का जमाना कुछ दूसरा ही था। उन दिनों गाँव-गाँव में प्रतिमाएँ बना करतीं। आश्विन में दुर्गा की। कार्तिक में काली, चित्रगुप्त और कार्तिकेय की। माघ में सरस्वती की, चैत में राम, लक्ष्मण, सीता तथा उनके स्वजन-परिजन, अनुचर-परिचर की--कुल मिलाकर तेरह मूर्तियाँ। भादों में कृष्ण आदि की। इनके अलावा मिट्टी, रंग और कूची के इन उस्तादों की ज़रूरत और भी कामों में हुआ करती थी।

इसके लिए समूचा गाँव बाबा की मदद करता। वह थे भी तो गाँव-भर के गुरु, गाँव-भर के शुभचिंतक। कितने गरीबों की बाबा ने चुपचाप सहायता की होगी। कितने रोते चेहरों के आँसू पोंछे होंगे। पीठ थपथपाकर कितने ही लड़खड़ाते पैरों को आगे बढ़ाया होगा, यह कोई बता नहीं सकता। उनके बारे में नाना प्रकार की किंवदंतियाँ जनता में प्रचलित हो चुकी थीं। कहते हैं, एक दफे रात को बाबा की कुटिया में चोर घुसा। थोड़ी-बहुत काम की जो भी चीज़ मिली, उसे ले करके वह बाहर निकलने लगा तो निकल ही न सका। उसके पैरों में मानो किसी ने जाँत बाँध दिया।

बाबा बाहर चारपाई पर सोए पड़े थे। सुबह-सुबह उठे, तो चोर को ज्यों-का-त्यों बैठा पाया। पूछने पर वह रो पड़ा। बाबा ने उसे सांत्वना दी और खिला-पिलाकर विदा किया। मरी गाय को बाबा ने जिला दिया, इस बात को कहते-कहते लोग थकते नहीं। छट्टू कुम्हार की एक पूँछ कटी काली गाय थी, मगर दूध बहुत देती थी। एक दिन चरकर आने के बाद वह चित-पट हो गई, जंगल की कोई जहरीली घास खाकर मर गई। छठुआ दौड़ा-दौड़ा गया, धम्म से बाबा के पैरों पर गिरा। बाबा एक जड़ी उखाड़ लाए, और गाय के मुँह में डाल दिया। थोड़ी देर पीठ पर हाथ फेरते रहे कि वह उठ खड़ी हुई।

बाबा खाने-पीने या बरतने की चीज़ सँजोकर नहीं रखते। इसका फल यह होता है कि न देनेवालों की कमी है और न लेनेवालों की। परिवार में सिर्फ दो कुत्ते हैं। उन्हें बाबा बहुत मानते हैं। यात्रा में निकलने पर खासकर उन्हीं कुत्तों के लिए एक सेवक को नियुक्त कर जाते हैं। सर्दी, जुकाम या फोड़ा-फुंसी हो जाने पर उसी तत्परता से इन कुत्तों की दवा-दारू होती है, जिस तत्परता से राजा बहादुर दुर्गानंदनसिंह की एकमात्र कन्या की। शाम को बड़े प्रेम से बाबा भाँग छानते हैं। उसमें नशे की अपेक्षा ठंढई की ही मात्रा अधिक रहती है। जयनाथ

जैसे भंग-भक्तों का मन बाबा की ठंढई से नहीं भरता।

उस दिन जब बाबा भाँग छान रहे थे, ठीक उसी वक्त जयनाथ पहुँचे। पैर छूकर प्रणाम किया। बाबा ने कहा, ''बच्चा, भोजपत्र तो है नहीं। यंत्र कैसे बनेगा?''

कुटिया के ओसारे पर खंभेली के सहारे बैठते हुए जयनाथ ने कहा, ''तो क्या होगा? बादामी रंग के काग़ज़ पर लिख देने से काम नहीं चलेगा?''

दाँतों तले जीभ दबाकर बाबा ने सिर हिलाया--''नहीं रे नहीं। भोजपत्र का माहात्म्य ही कुछ और होता है। यों तो पीपल के पत्ते पर भी बीज-मंत्र लिख देने से काम चल सकता है, परंतु यह तो खास मामला है न? भगवती त्रिपुरसुंदरी का एक पंचाक्षर मंत्र है, वह अवांछित गर्भ गिराने में अनुपम है। समझते हो न? इसीलिए कहा कि भोजपत्र ही चाहिए।''

जयनाथ कुछ देर के लिए मौन रहे, फिर कहा, ''पंडित कालीचरण पाठक साल-दर-साल नेपाल जाते थे। वहाँ से वह ढेर का ढेर भोजपत्र लाते थे। उनको मरे आठ-दस साल हो गए हैं। ठहरिए, मैं ज़रा उनके लड़के से पूछ लूँ।''

इतना कहकर तुरंत जयनाथ वहाँ से बस्ती की ओर चल पड़े।

कालीचरण का मकान बस्ती के पूर्वी छोर पर था। जयनाथ वहाँ पहुँचे, तब तक पंडितजी का लड़का अपनी अमराई की ओर निकल चुका था। फिर भी आवाज़ देने पर पंडितजी की पत्नी बाहर आई। रिश्ते की भाभी होने के कारण वह जयनाथ के सामने आती थी। परंतु यह क्या, छूटते ही पंडिताइन ने जो पूछा, उस प्रश्न का संबंध जयनाथ की कल्पना के भोजपत्र से तो था नहीं; उलटे वह प्रश्न उमानाथ की माँ पर चोट करता था।

''क्यों बाबू,'' पंडिताइन ने पूछा, ''लक्ष्मण ने आसन्नप्रसवा सीता को ले जाकर कहाँ छोड़ दिया?''

कुछ हतप्रभ होकर जयनाथ ने कहा, ''छोड़ा तो आखिर जंगल में ही।''

''और आप लक्ष्मण लौट आए?''

जयनाथ ने चुप्पी साध ली।

पंडिताइन बोली, ''धिक्कार है तुम्हें। उमानाथ की माँ और तुम वर्षों से साथ रहते आए हो और आगे भी सारी ज़िंदगी साथ कटेगी, यह मुझे विश्वास है। फिर तुम उस बेचारी को अकेली तोप के मुँह पर छोड़ आए हो?''

जयनाथ ने झुँझलाकर कहा, ''तो भौजी, मैं करता ही क्या? तरकुलवा में

बैठे-बैठे पहुनाई करना और लोगों के कटाक्ष सहना...भला, इससे क्या फायदा था? उनकी माँ सब ठीक कर लेंगी।"

"ठीक तो कर ही लेंगी," पंडिताइन का सुर मद्धिम पड़ गया। कुछ रुककर उसने फिर कहा, "बुरा न मानना जयनाथ बाबू! मैं दमयंती नहीं हूँ जो हाथ धोकर उमानाथ की माँ के पीछे पड़ जाऊँ। मेरे दिल में मुसीबत की मारी उस औरत के लिए बड़ा दर्द है।" तब दक्खिन की ओर मुँह करके पंडिताइन बोली, "जाने गंगा माई, उमानाथ की माँ को मैं अपनी सगी बहन समझती हूँ। इस दुर्घटना के बाद भी उसके प्रति मेरा स्नेह ज्यों-का-त्यों है। परंतु... ।"

इतनी देर बाद पंडिताइन का ध्यान इस बात की ओर आया कि अरे! जयनाथ को बैठने के लिए तो कहा ही नहीं। देखते ही लगी मैं उस पर तीर चलाने! तब ममता-भरी आवाज़ में उसने कहा, "कब तक खड़े रहोगे? ज़रा बैठ तो लो।"

दरवाज़े पर तख़्तपोश पड़ी थी। जयनाथ उस पर बैठने लगा तो पंडिताइन बोली, "अजी ठहरो, दरी तो ले आने दो।"

जयनाथ मना ही करते रहे, तब तक लपककर आँगन से वह दरी उठा लाई और तख़्तपोश पर उसे बिछा दिया।

ममता की इस प्रतीक को जयनाथ बहुत गंभीरता से देख रहे थे।

हाथ पकड़कर पंडिताइन ने बैठा दिया। "ताकते क्या हो? बैठो न। कोई जल्दी थोड़े है।"

जयनाथ ने कहा, "जल्दी तो नहीं, लेकिन जिस आँगन में भूकंप हुआ हो, उस आँगन के प्राणी चैन से तो कहीं बैठ नहीं सकते।"

जयनाथ की आँखें डबडबा आईं। उसके दिल के चढ़े हुए तारों को पंडिताइन ने ज़रा छू-भर दिया था कि वे झनझना उठे। उस तीव्र झनकार की लहरी में जयनाथ का पूरा व्यक्तित्व तिनके की तरह कंपित हो उठा। क्षण-भर के लिए उनकी आँखों के आगे उमानाथ की माँ का चमचमाता चेहरा नाचने लगा। उमानाथ की माँ! तुम इतनी सुंदर क्यों हुईं? पूर्व-जन्म के किस अभिशाप से वैधव्य का यह दुर्वह भार ढो रही हो? मेरी कृतघ्नता को, देवि, कभी क्षमा मत करना... जयनाथ की आँखें छलक पड़ीं।

पंडिताइन से नहीं रहा गया। अपनी सफेद धोती के आँचल की खूँट से जयनाथ के आँसू पोंछती हुई वह कहने लगी, "ओह! नाहक ही यह सब मैंने तुम्हें

कहा! बच्चा तो तुम हो नहीं, रोते क्यों हो?''

पंडिताइन की इस सांत्वना का फल यह हुआ कि आँसू और भी बह निकले। अब अपने ही अँगोछे से आँख पोंछकर और नाक साफ करके जयनाथ ने इशारा किया कि भौजी बैठ जाओ तुम भी।

पंडिताइन आँगन की ओर चली और कहती गई, ''भाग मत जाना, मैं सुपारी ले आती हूँ।''

बड़ी मुश्किल से जयनाथ ने अपने को प्रकृतिस्थ किया। तब तक सुपारी के दस-बारह खंड तश्तरी में सामने रख दिए गए थे। पंडिताइन ने कहा, ''हाँ, यह तो नहीं बताया कि मेरे लड़के की कौन-सी ज़रूरत थी, जो पुकार रहे थे?''

दो टुकड़े सुपारी मुँह में डालकर जयनाथ बोले, ''कालीचरण भैया नेपाल से भोजपत्र लाया करते थे। तारा बाबा को एक यंत्र बनाना है, दो उँगली-भर भोजपत्र चाहिए। और कहाँ मिलेगा?''

अपनी गोल-गोल आँखों को बड़ी करके पंडिताइन बोली, ''लाते तो थे...ठहरो, मैं देखती हूँ।''

पंडिताइन भोजपत्र की खोज में अंदर गई और जयनाथ सोचने लगे–'आह! कितना अच्छा स्वभाव है इस स्त्री का! इसके पिता ज़िंदगी-भर बनैली में राज पंडित रहे। सज्जनता की मूर्ति थे। जैसा बाप, वैसी बेटी। क्यों न हो, हीरे की खान से काँच थोड़े ही निकलता है...।'

पंडिताइन फौरन वापस आई, उसके हाथ में भोजपत्र था। जयनाथ को उसे देती हुई वह कहने लगी, ''पंडित रोज चंडी का पाठ करते थे। उसी पोथी के गत्ते में यह भोजपत्र पड़ा था। मुझे खयाल आया और मैं निकाल ले आई।''

भोजपत्र लेकर जयनाथ चले तो तश्तरी में बचे पड़े सुपारी के टुकड़े उठाकर पंडिताइन ने कहा, ''बाबू, यह रख लो बटुए में। खुद न खाना तो, किसी को खिला देना।''

''वाह भौजी, तुमने भी खूब कहा, खुद न खाना...।''

8

पाठशाला में भी जल्दी ही रतिकांत ने छोटे-बड़े विद्यार्थियों का ध्यान अपनी ओर आकृष्ट कर लिया। पंडितजी भी उस पर प्रसन्न रहते थे, क्योंकि अपने पाठों को खूब मन लगाकर वह याद किया करता। इसके अलावा जब जिस काम में वह उस लड़के को लगाते तो उसमें वह ज़रा भी आनाकानी नहीं करता। हाँ, पंडितजी का धौला बैल बड़ा बदमाश था। एक दिन रत्ती से उन्होंने कहा, "इसे ले जाकर तालाब से पानी तो पिला लाओ।" रत्ती ने असमर्थता जाहिर की तो पंडितजी बोले, "अरे, यह काम तो सात साल का हमारा मुन्नू कर लेता है।"

इस पर रत्ती ने कहा, "गुरुजी, हमारे अपने यहाँ तो बैल-गाय हैं नहीं। फिर हम क्या जानें कि किस तरह पुचकारने से बैल सीधी राह पकड़कर पानी पी आता है।"

यह पंडितजी बड़े ही चतुर थे। बारह रुपया महीना डिस्ट्रिक्ट बोर्ड से भी लेते थे, और पाँच रुपया राजाबहादुर से भी। पतिया-प्रासचित से भी कुछ निकल आता था। पुरोहिती के कामों में भी पंडितजी का दखल था। गरज यह कि कुल मिलाकर पंडित की आमदनी पच्चीस रुपए माहवार पड़ जाती थी। अपने ही दालान पर पाठशाला थी। सात-आठ बीघा खेत थे। दो चचेरे भाई थे। तीन लड़कियाँ, दो लड़के। तीन गाय-बैल, एक हलवाहा, एक खेत-मजदूर। घर-गिरस्त का छकड़ा मजे में पंडितजी चला रहे थे। अध्यापन का कार्य उनके लिए उतने महत्त्व का नहीं था, जितने महत्त्व की खेती-बाड़ी और पुरोहिती। राजाबहादुर दुर्गानंदनसिंह पंडितजी को खूब मानते थे। अंदर हवेली में रोज चंडी-पाठ करने का संकल्प पंडितजी के दादा ही कर गए थे। अभी तक उसे यह पंडितजी चलाए जा रहे हैं। इसीलिए बारह रुपया सालाना मिलता है। रक्षाबंधन के दिन

राजाबहादुर की कलाई में पंडितजी राखी बाँधते हैं। विजय दशमी के दिन राजाबहादुर के सिर पर जौ के मृदु मनोरम हरित-गौर अंकुर डाल आते हैं। इसका भी एक-एक रुपया बँधा है। पर्व-त्योहार के दिन कभी पंडितजी अपने घर नहीं खाते, ऐसे अवसरों के लिए राजाबहादुर के यहाँ उनका नित नेवता रहता है। पेट भरकर खा भी आते हैं और अँगोछे में बाँधकर ले भी आते हैं।

राजाबहादुर और उनके पूर्वजों का गुणगान पंडितजी के नित्यकृत्य का ही एक अंग है। अपने छोटे-बड़े छात्रों को पाठ के आदि, मध्य या अंत में राजाबहादुर से संबंध रखनेवाली कथाएँ अवश्य वह सुना जाते हैं और है भी ठीक। वैद्यनाथ धाम में उस साल नौ दिनों तक 'हरिवंशपुराण' रानी ने यदि पंडितजी के मुँह से न सुना होता तो यह लड़की भी न हुई होती। पंडितजी कहा करते, "यह मेरा ही दुर्भाग्य है कि राजाबहादुर के यहाँ लड़का नहीं हो रहा है..." यह कहकर दाएँ हाथ की तीन बिचली उँगलियों से वह अपना चंदनचर्चित ललाट ठोकने लगते।

शुभंकरपुर की उस छोटी-सी पाठशाला में नियमित रूप से पढ़नेवाले लड़कों की तादाद तेरह थी। उनमें से पाँच शब्द रूपावली, धातु रूपावली और अमरकोष पढ़ रहे थे। रत्ती पढ़ने में तेज तो था ही, महीना पूरा होते-होते अपने साथियों में प्रमुख हो गया। इस पाठशाला का वायुमंडल उसे और भी स्वतंत्र मालूम पड़ता था। प्राइमरी स्कूल में तीस-पैंतीस लड़के थे। खजूर की छड़ी लेकर बैठे हुए मुंशी जयवल्लभलाल की कड़ी मूँछोंवाली वह सूरत रत्ती को बहुत भयावनी लगती थी। वहाँ अनुशासन काफी कड़ा था। घर में क्रोधी पिता के डर से जी-भरकर वह कभी मुस्कुरा भी तो नहीं सका! इस पाठशाला का यह शिथिल अनुशासन रतिनाथ की चेतना के लिए कुछ स्फूर्तिप्रद साबित होने लगा। यहाँ पंडितजी लड़कों को परेशान नहीं करते थे। बहुत हुआ तो हल्की उँगलियों से कान उमेठ दिए; गधा, कुत्ता और पाजी कह दिया; बस। खजूर की उस छड़ी के आगे मीठी सज़ा का यह संसार रत्ती को रोचक लगा। इसका फल यह हुआ कि उसे मुक्त प्रकृति के साथी मिले। उछल-कूद का मौका मिला।

अपने पिता से कई दफे उसने कहा, "शब्द रूपावली और धातु रूपावली मँगवा दीजिए। अमरकोष की जिल्द बँधवा दीजिए।" परंतु जयनाथ ने बराबर झिड़क दिया, "अभी यह तो खत्म करो। किताबें आ जाएँगी। जिल्द नहीं हुई तो क्या हुआ? तुम्हारे हाथ से तेल चूता रहता है?"

भीतर-ही-भीतर रत्ती का दिल कचोट और आत्म-ग्लानि से भर उठता। उसे

चाची याद आतीं।

एक दिन बैसाख की कड़ी दोपहरी में वह पाठशाला पहुँचा। और लड़के दो-अढाई बजे के करीब आया करते थे। रत्ती भी दूसरे दिन समय पर ही आता था, मगर आज वह निर्जन दोपहरी में पाठशाला के अंदर घुसा।

सरस्वती की एक सुंदर प्रतिमा थी। प्रतिवर्ष वसंत पंचमी (माघ) के दिन सरस्वती की नई प्रतिमा का स्थापन होता था, और साल-भर वह प्रतिमा ज्यों-की-त्यों वहाँ रहती थी। दूसरे कोने में एक रद्दी-सी आलमारी थी। उसी में पंडितजी अपनी पुस्तकें रखा करते। टूटी होने के कारण वह ऐसी थी कि कोई भी चीज़ अंदर रख या बाहर निकाल सकते थे। लड़कों को जिस दिन खूब खेलने का मन रहता, उस दिन वे भी अपनी किताब आलमारी में डाल देते थे। आज रत्ती ने अपने साथियों को आलमारी के अंदर किताब डालते देखा था।

इधर-उधर नज़र मारता और पैर बचाता हुआ वह आलमारी के पास पहुँचा। अंदर हाथ डालकर, चार-छः किताबें निकालीं। तीन नई और अच्छी किताबें उसने छाँट लीं और पुराने अखबार में लपेटकर उन्हें पाठशाला से ज़रा दूर एक झाड़ी में छिपा दिया। फिर शंकित चित्त से बार-बार झाड़ी की ओर देखता हुआ वह अपने घर चला आया। उस दिन दुबारा रत्ती पाठशाला नहीं गया।

अगले दिन सुबह जब पाठशाला पहुँचा तो उसके सभी साथी चोर को गालियाँ दे रहे थे। रतिनाथ को उन्होंने घेर लिया, और ऊपरा-ऊपरी कहने लगे, "देखो रत्ती, आलमारी के अंदर से किसी ने हमारी किताबें उड़ा ली हैं...हे सरस्वती माता, आपको तो पता होगा!"

रत्ती का दिल धड़क रहा था। आज तक उसने बाहर चोरी नहीं की। अपने घर में समय-समय पर दुअन्नी, इकन्नी, चवन्नी और अठन्नी चुराई थी। बाप ने दो-तीन दफे पकड़ा भी था। और आज रत्ती के इस छोटे-से जीवन में यह पहला ही अवसर है कि किसी की कोई चीज़ चुराई है।

रत्ती के अंदर से एक धीमी-सी आवाज़ आई, 'धिक्कार है! अपने साथियों की किताबें तुम चुरा ले गए!'

झूठ, वह पचीसों बार और बोला है, मगर आग में तपाए लोहे के लाल गोले की भाँति इतना असह्य झूठ रत्ती के कंठ से कभी बाहर नहीं निकला। वह बोला, "चोरी! नहीं, नहीं, चोरी नहीं, किसी ने देखने के लिए उठा लिया होगा।"

साथी एकसाथ चिल्ला उठे, "अरे भाई, इन छोटी-छोटी किताबों की ज़रूरत

और किसको पड़ी होगी? भूत-प्रेत तो ले नहीं गए होंगे! अच्छा, परसौनी का जूगल कामति कटोरा चलाना जानता है। जिस साले ने हमारी किताब ली होगी, उस पर अगर कटोरा न चलवाया तो...।"

यह सुनकर रतिनाथ का चेहरा फक हो गया, उसे लगा कि चोरी का पाप दानव बनकर आज उसको निगल जाएगा। पिता सुनेंगे तो कच्चा खा जाएँगे। हे भगवान्! बेचारे की आँखों के सामने अँधेरा छा गया। शौच जाने का बहाना कर वह नज़दीक के पोखर की ओर चला गया। उसके मुँह से इतनी-सी भी बात नहीं निकल सकी कि साथियो! कटोरा चलवाने की क्या ज़रूरत है? पाठशाला के सभी लड़कों को सुनाकर यह कह दो, आज शाम तक--नहीं, कल सुबह तक आलमारी के अंदर किताबें वापस न आईं तो हम परसौनी जाकर चोर पर कटोरा चलवाएँगे।

रत्ती शौच के लिए गया तो पोखर के भिंडे से नीचे उतरकर इमली के एक बूढ़े पेड़ की आड़ में बैठा। उसकी आँखों से आँसू का अविरल प्रवाह अपने आप बह चला, मुदा आज चाची नहीं थी कि अपनी धोती की खूँट से आँसू पोंछती और पीठ पर हाथ फेरती हुई चुमकारती, पुचकारती!

सूने मन से वह बड़ी देर तक रोता रहा। रो-रोकर अपनी आँखें उसने लाल कर लीं और वापस लौटा। पोखर में नहाने के घाट पर घुटने-भर पानी के अंदर धँसकर उसने आँख-मुँह और हाथ-पैर धोए। बाहर निकलकर अँगोछे के फटे-पुराने कपड़े से चेहरा पोंछा और फिर पाठशाला आ गया। अपनी किताब लेकर जब पढ़ने बैठा तो सत्तो (सत्यनारायण) ने कहा, "तुम्हारी आँखें क्यों लाल हो गई हैं रत्ती?"

"पोखर पर गया था, उड़ते कीड़े पड़ गए थे। बड़ी मुश्किल से निकले। मसलने से आँखें लाल हो गईं।" रतिनाथ ने जवाब दिया।

थोड़ी देर बाद रत्ती घर के लिए चल पड़ा। आज पिताजी नहीं हैं, रसोई करनी पड़ेगी।

उस दिन भी दुबारा वह पाठशाला नहीं गया! अगले दिन आलमारी में गायब किताबें मौजूद थीं। किताबें मिलने की खुशी में सत्तो, परमा, उत्तिम, नित्या और रत्ती--पाँचों साथियों ने मिलकर सरस्वती मैया को पाँच पैसे की मिठाई अगले इतवार को चढ़ाना मंजूर किया।

9

आम अब बड़े-बड़े हो गए थे। बैसाख का महीना खत्म हो गया था। चाची के न रहने से इस बार सतुआ संक्रांति रत्ती के लिए फीकी रही। बीच-बीच में कई बार अंधड़ और तूफान आए। इतने आम गिरे कि घिवही की टहनियाँ हलकी हो गईं। अचार तो बनाती ही कौन? रह गई आमिल और फाँकी की बात, इसमें जयनाथ ने तत्परता दिखाई। दो मजूरिन रखकर गिरे-पड़े आमों का आमिल और फाँकियाँ उन्होंने काफी बनवा लीं।

अब इक्के-दुक्के आम पकने लग गए थे। एक दिन सुबह-सुबह रतिनाथ ने एक पका आम पाया और खुशी के मारे चिल्ला उठा—"पिताजी, मैंने गोपी[1] पाई है, यह देखिए, कैसा बढ़िया है!" घर के अंदर से ही जयनाथ ने आवाज़ दी—"अरे सूँघ मत लेना, भगवान को भोग लगाएँगे।"

रत्ती ने वह आम लाकर फूल-डाली में रख दिया।

इस बार शुभंकरपुर में आम खूब नहीं फला था। जिनके बाग में दस-पाँच भी कलमी पेड़ थे, उनकी तो बात नहीं, लेकिन बीजू ही बीजू के पेड़ जिनके बाग में थे, उनके लिए सचमुच ही आम कम था। जयनाथ के पिता एक कलकतिया और एक मालदह का कलम लगा गए थे। सेवा नहीं होने के कारण ये दोनों पेड़ प्रौढ़ होने से पहले ही बुड्ढे हो रहे थे। कुछ डालें सूख गई थीं। कुछ में टहनियाँ कम थीं। फिर भी सौ-दो सौ आम हर साल वे देते थे। मालदह (लँगड़ा) का पेड़ लंबा नहीं, फैला हुआ था। जब जयनाथ नहीं रहते, उस समय मालदह की टेढ़ी-मेढ़ी डालों पर रतिनाथ का एकच्छत्र राज्य रहता। टोल-पड़ोस के पाँच-सात

---

1. जेठ के आरंभ में रोहिणी नक्षत्र का जब प्रवेश होता है, तो आम पकने लग जाते हैं। इक्के-दुक्के पक जानेवाले आम को गोपी कहा जाता है।

लड़कों को बुलाकर खेलने लग जाता था। और इस बार तो मालदह में गिने-गिनाए पचास आम बच रहे थे। मालदह आमों का राजा है—जिसने एक बार खाया, उसका कहना है। कलकतिया फलने में बहादुर होता है, लेकिन जयनाथ का कलकतिया अपने मालिक की लापरवाही से चिढ़कर कसम खा बैठा है, कम-से-कम फलो।

इससे क्या? आम के अपने पेड़ फलें, या न फलें, जयनाथ ब्राह्मणों की भिक्षावृत्ति के बहुत प्रशंसक थे। राजाबहादुर की ड्योढ़ी के चारों ओर सैकड़ों बीघा कलमबाग थे। दुनिया के लिए आम का अकाल भले ही हो, लेकिन राजाबहादुर का स्टेट कभी आम के फलों से खाली नहीं जाता था। दस-दस, पाँच-पाँच करके भी फलते तो लाखों फल निकल आते। बंबई आम जेठ से ही पकने लगता है, और बथुआ ठेठ कुआर तक जाता है। इन चार-पाँच महीनों में स्टेट के अमले आम खा-खाकर लाल बुंद हो जाते। अवधनारायण मल्लिक राजाबहादुर के यहाँ दीवानगीरी करते थे। मल्लिकजी के घर बच्चे हो-होकर मर जाते। न लड़का जीता, न लड़की। तारा बाबा के आदेश से दीवानजी साधु-ब्राह्मणों की बड़ी सेवा करते थे।

जयनाथ पर तो उनकी खास कृपा थी; वह कई बार मल्लिकजी के यहाँ महामृत्युंजय का जप कर चुके थे। दक्षिणा के अलावा दो धोतियाँ, कंबल का आसन, अर्घा, पंचपात्र, आचमनी, ताँबे की पवित्री (अँगूठी) मिला करती है। जितने दिनों तक जप चलता, तस्मई (खीर) और पकवानों से एकभुक्ति होती।

जयनाथ को मल्लिकजी का बड़ा भरोसा रहता था। जब जाते, शास्त्र-पुराण की बात सुनाकर, कोई-न-कोई चीज़ या एक-आध रुपया ले आते। दीवानजी की तीसरी पत्नी का मायका मानिकपुर में था और जयनाथ की भी शादी वहीं हुई थी। गाँव के रिश्ते में वह जयनाथ की सरबेटी होती थी और इन्हें फूफा कहा करती। इस प्रकार मल्लिकजी के परिवार में जयनाथ का प्रवेश हो गया था। अब, दुनिया में चाहे आम फले या न फले, मल्लिकजी बरकरार रहें; जयनाथ को और क्या चाहिए?

आठ-दस दिन बीतते-बीतते घिवही के आम पक-पककर पटपटाने लगे। दिन-भर की प्रचंड गर्मी, दोपहर रात तक की ठिठकी हवा और उसके बाद रात्रिशेष जब दक्षिण पवन ग्रीष्म ऋतु की श्रांत शिथिल अलग प्रकृति-नटी के सिमटे हुए आँचल को फरफराने लगता, तो घिवही के विशाल वृक्ष की निस्पंद टहनियाँ

उच्छ्वसित हो उठतीं। टप-टप करके आम गिरने लगते। पूर्वी आसमान में शुक्रतारा अपने मधुर उज्ज्वल प्रकाश से दिग्वधुओं को ललचाता हुआ सहसा उग आता कि रत्ती की आँखें खुलतीं। वह पेड़ के नीचे जाकर आम चुनने लगता। एक-एक करके बीती बातें उसे याद आतीं...–पद्मा की आँखें। बागो के लंबे बाल, अपर्णा का गोल-मटोल चेहरा। और इन सब पर अपने बड़े-बड़े, परंतु हलके पंख फैलाकर मुस्कुरानेवाला चाची का वह अनुपम सौंदर्य। आसिन की दूध-धुली रातों में इन लड़कियों के साथ वह छुटपन से ही हरसिंगार के फूल चुनता आया है। बाप की मार खाकर यही जगह है कि घंटों खड़े होकर माँ की याद में उसने आँसू बहाए हैं। यही जगह है कि चाची की अशेष सहानुभूति का अधिकृत उत्तराधिकारी की भाँति हृदय से उपभोग किया है...।

तब तक जयनाथ भी उठ जाते और अच्छी तरह पौ फटती, फिर बिहान हो जाता। पूर्वजों के खुदवाए हुए अपने उस छोटे पोखर की हलकी लहरों पर जब रतिनाथ बालरवि की किरणों को मचलते देखता, तो एक प्रकार की सिहरन से उसका रोम-रोम कंटकित हो उठता।

जयनाथ का उमानाथ की माँ पर तो ध्यान था ही, फिर भी तारा बाबा ने जो यंत्र दिया था, उसे उन्होंने तरकुलवा नहीं भेजा। लिफाफे में भेजने से यंत्र का प्रभाव घट जाता। शूद्र के द्वारा इसे भेजा जा नहीं सकता। अंततोगत्वा जयनाथ ने तय किया कि रत्ती को तरकुलवा भेज दें।

कुल्ली राउत का साथ कर दिया। यह खबास सत्तर साल का था। बातचीत, रंग-ढंग और बनाव-देखाव ऐसा था कि अपरिचित लोगों को भ्रम हो जाता, यह ऊँची जाति का कोई आदमी है। उसे संस्कृत के कई स्तोत्र याद थे। जनेऊ का मंत्र वह जानता था और, कहते संकोच होता है, गायत्री भी उसे आती थी। संकोच इसलिए कि जिस गायत्री के लिए ब्राह्मण-वटुकों का उपनयन संस्कार होता है, और जो सिर्फ द्विजों की चीज़ है, उस महान् प्रणव को एक शूद्र जान जाए, यह असह्य है। जाने कैसे उसने सीख ली थी। जयनाथ से इस बात की किसी ने शिकायत की, तो वह फुफकार उठे, ''साले की चमड़ी उधेड़ लूँगा। शूद्र है तो शूद्र की भाँति रहे।''

तरकुलवा के रास्ते पर दरभंगा महाराज का एक बड़ा-सा पोखर पड़ता है। वहीं दोनों ने स्नान किया, रतिनाथ ने जल्दी-जल्दी संध्या की तो कुल्ली राउत ने टोका, ''बबुआ, तुम नीलमाधव उपाध्याय के वंशधर हो। फिर अपने कर्म-धर्म में

इतनी हड़बड़ी क्यों दिखाते हो? कहीं कोई जान जाएगा तो शुभंकरपुर की हँसी होगी।"

रत्ती ने जवाब दिया, "अरे, यहाँ कौन देखता है? देखना चलकर तरकुलवा में, घंटा-भर नाक न दबाए रहा, तो जो कहो।"

राउत ने मुस्कुराकर कहा, "लो, बाप का गुन सीख न गए! जयनाथ भी जब दूसरी जगह जाते हैं, तो चार-चार घंटे पूजा करते हैं।"

रत्ती को बात लग गई। ऊपर से उसने कहा, "चलो राउत, धूप कड़ी हो जाएगी।"

दोनों चले, परंतु रास्ते-भर रतिनाथ यही सोचता रहा कि राउत का कहना गैरवाजिब नहीं था। पिताजी अपने यहाँ तो पूजा-पाठ में आधा घंटा मुश्किल से ही लगाते हैं, मगर लोगों के सामने गप्पें खूब मारते हैं। क्यों किसी को ऐसा करना पड़ता है? रतिनाथ को कुल्ली राउत बहुत ही चतुर, बहुत ही व्यावहारिक और बहुत बड़ा ज्ञानी मालूम पड़ा। वह सोचने लगा–'अगर यह भी ब्राह्मण के घर में पैदा हुआ होता, तो निश्चय ही इसके बदन पर फटे-पुराने कपड़े न होते। हमारा जूठन खाकर, हमारा पहिरन पहनकर इनके बच्चे पलते हैं। उन्हें कभी स्कूल और पाठशाला जाने का अवसर नहीं मिलता। क्या मर्द, क्या औरत–इन लोगों का जीवन बड़ी जातिवालों की मेहरबानी पर निर्भर है...' सोचते-सोचते रतिनाथ का दिमाग चकराने लगा तो तरकुलवा नज़दीक था। पूछने पर एक घर से आवाज़ आई, "ग्वाले का घर है।" कुल्ली ने रत्ती से कहा, "आ तो गए ही, बबुआ, ज़रा सुस्ता न लें?"

इस सुस्ताने की ओट में कुल्ली राउत के तमाखू पीने की इच्छा काम कर रही थी। अंदर से बुढ़िया निकली तो कुल्ली ने कहा, "पीनी हमारे पास है, तुम हुक्का भरकर ला दो।"

"और, आग नहीं चाहिए?" मुस्कुराकर बुढ़िया ने कहा। फिर उलटे पैर आँगन चली गई। पीनी लेती गई थी।

हुक्का और चिलम जब आया तो राउत रतिनाथ को तरकुलवा का भूगोल बता रहे थे, "पाँच कोस उत्तर नेपाल है। पूरब लोकहा थाना है, दक्खिन थाना फुलपरास पड़ता है। पच्छिम कमला मैया बहती हैं। जमीन बड़ी उपजाऊ है। दो-दो मन कट्ठा धान उपजता है।"

फिर तन्मय होकर राउत तमाखू पीने लगे। गुड़गुड़ाते-गुड़गुड़ाते जब जी भर

गया, तो हुक्का बुढ़िया को थमा दिया।

चुम्मन झा का घर राउत को मालूम था। वह कई दफे भार लेकर तरकुलवा आया है। सीधे दोनों जयकिशोर बाबू के दालान पर पहुँचे। रतिनाथ आँगन चला गया। चाची पूरब की ओरवाले घर के ओसारे पर बैठी थी। आँखें चार होते ही वह बोल उठीं, ''लाल मेरे, इतनी कड़ी धूप में पैर तो तुम्हारे ज़रूर ही भरता हो गए होंगे! साथ कौन आया है, राउत?''

''हाँ।'' कहते हुए रत्ती ओसारे पर पहुँचा और चाची के पैर छुए। गौरी ने उसे छाती से लगा लिया और ठुड्डी छूती हुई बोली, ''हे भगवान्! भूखे पेट इस जेठ में कैसे आया होगा?''

रत्ती ने कहा, ''नहीं चाची, भूखा नहीं हूँ। चिउड़ा और आम साथ थे।''

आँखें नचाकर चाची ने कहा, ''रहने भी दे, चिउड़ा और आम। पेट पाँजर से सटा जा रहा है, और भूखे नहीं हैं!''

रत्ती ने देखा, आषाढ़ में जब पहले-पहल किसी दिन मूसलाधार वर्षा होती है, तब जिस भाँति धरती का सद्यःस्नात रूप निखर आता है, उसी प्रकार चाची का शरीर लगता है। डेढ़ मास पहले चाची की शक्ल जैसे कुछ पीली-पीली लगती थी, अब वैसा रंग नहीं था। इस परिवर्तन का रहस्य उस किशोर का मन भला जान ही कैसे सकता था! उसके लिए इतना काफी था कि बीमार होकर चाची तरकुलवा आई थी, और अब राहु-मुक्त चंद्रकला की भाँति अपने स्वाभाविक स्वास्थ्य को फिर से उन्होंने पा लिया है।

लोटा-भर ठंडा पानी लाकर अपने ही हाथ से चाची ने रत्ती के पैर धोए। अपने ही आँचल से उन्हें पोंछा और कहा, ''राउत को भी पानी दे आओ, हाथ-पैर धोएँगे।''

जब तक राउत को पानी देकर वह आया, तब तक इधर चाची ने फूल की उसी चमचमाती छिपली में खाना परोस रखा था। वह आया और फिर से पैर धोकर पीढ़े पर बैठ गया। खाने लगा तो चाची पंखा झल रही थी। खाते-खाते रत्ती ने पूछा, ''क्यों चाची, इस साल इधर आम की फसल कैसी है?''

पंखे के बेंट से अपनी ठुड्डी को टेककर चाची बोली, ''आठ आना समझो।''

रतिनाथ की आँखें चमक उठीं। वह गुनगुनाया, ''फिर तो दस दिन रहने का मन करता है।''

इतने में उसे भूली हुई कोई बात याद आई। खाते-खाते ही गौर से

इधर-उधर नज़रें घुमाईं और कहा, "नानी को नहीं पाता हूँ।"

पंखा झलते हुए चाची ने कहा, "रात में चोरों ने आम तोड़ लिए। मालदह के दो पेड़ साफ कर दिए, माँ वहीं गई है। जो कुछ बच रहे हैं, उनकी हिफाजत का इंतजाम तो करना ही पड़ेगा।"

रत्ती मचल उठा, "खाने के बाद मैं भी वहीं जाऊँगा।"

"नहीं बेटा, जब ठंडा होगा, तब जाना, अभी बहुत धूप है। और, मैं तो राउत के सामने जाती नहीं। बूढ़े को खाना कौन खिलाएगा?"

वह इस दलील से चुप हो गया।

राउत को खिलाकर और दो टुकड़े सुपारी देकर रत्ती अंदर आया और जयकिशोर बाबू के पलंग पर चाची के साथ सो गया।

थोड़ा दिन बाकी रहा तो गौरी की माँ बाग से लौटी। रतिनाथ को देखकर बहुत खुश हुई। शाम को रत्ती और राउत बाग की ओर टहलने गए। बंबई आम जा रहा था और मालदह का पकना शुरू हो गया था कि ऐन मौके पर चोरों ने धावा किया। फिर भी डेढ़-दो सौ बच रहे। दोनों ने घूम-फिरकर सारा बाग देखा। राउत की भी तबीयत हुई कि दस दिन रहकर आमों की बहार लूटी जाए, मगर उसे अपने वे खेत याद आए, जो मड़आ रोपने के लिए तैयार पड़े थे।

राउत दो ही दिन तरकुलवा में रहा, फिर भी काफी आम उसे खाने को मिले। गौरी की माँ को खिलाने-पिलाने का बड़ा शौक था। स्वयं विधवा होने के कारण वह निरामिषभोजी थी, परंतु आगंतुकों के लिए दूर-दूर से मछलियाँ मँगवाती, खसी पिटवाती। यह ठीक है कि कुल्ली राउत के लिए तरकुलवा में कभी खसी नहीं पिटवाया गया, फिर भी उमानाथ की नानी का स्वागत-सत्कार इस बूढ़े खबास के लिए खास आकर्षण रखता था। वह दो दिन रहा, और तीसरे दिन प्रातःकाल शुभंकरपुर के लिए रवाना हो गया। चाची ने जयनाथ के लिए दस बंबई और दस मालदह आम दिए थे।

10

समाज उन्हीं को दबाता है, जो गरीब होते हैं। शास्त्रकारों को बलि के लिए बकरे ही नज़र आए। बाघ और भालू का बलिदान किसी को नहीं सूझा। बड़े-बड़े दाँत और खूनी पंजे पंडितों के सामने थे, इसलिए उधर से नज़र फेरकर उन्होंने बेचारे बकरों का फतवा दे डाला।

गौरी की माँ समाज के लिए बाधिन थी। इतना बड़ा कुकांड हो जाने पर भी तरकुलवा में किसी ने गौरी की माँ को खुल्लमखुल्ला कहा नहीं। गर्भ गिराने के ठीक ग्यारहवें दिन उसने सत्यनारायण की पूजा की। गाँव-भर को आमंत्रित किया था। पाँच ही छः थे, जो नहीं आए। उनमें से तीन तो ऐसे थे, जिनकी इस घर से पुश्तैनी अनबन थी। बाकी दो-तीन ऐसे थे जिनका खयाल था कि सिमरिया घाट जाकर प्रायश्चित्त कर लेने के उपरांत ही सत्यनारायण की पूजा करवानी चाहिए थी।

गौरी की माँ का कहना था कि बूँद-भर गंगाजल में उतनी ही सामर्थ्य है, जितनी कि सिमरिया घाट की गंगा में। यों कोई कहे तो मेरी बेटी पच्चीस बार गंगा नहा आने को तैयार है। गो-हत्या, ब्रह्म-हत्या का पाप तो इसने किया नहीं, फिर महज़ मामूली बीमारी के लिए किसी को इतना बड़ा दंड मैं कैसे दिलवाती?

गरी-छुहारे और मुनक्के डलवाकर पंजीरा तैयार किया गया था। पुरोहित महाराज थे, बुढ़ऊ वैदिक नरेश ठाकुर। गुलाबी रंग में रँगी हुई दो धोतियाँ सत्यनारायण भगवान् को चढ़ाई गई थीं। पीले रंग में रँगा हुआ तीन हाथ का एक अँगोछा। पुजारी बने थे शंकर बाबा। संकल्प कराते समय वैदिकजी ने जयकिशोर की माँ से कहा, "गौरी बिटिया से कहो, पुजारी के सामने आकर ज़रा बैठ जाए।"

स्वच्छ सफेद शांतिपुरी धोती पहने गौरी सामने आई, तब संकल्प हुआ–'ॐ अद्य ज्येष्ठे मासे शुक्ले पक्षे त्रयोदश्यां तिथौ निवृत्तरोगाया अस्याः श्री गौरी देव्याः सर्वाऽऽपत्ति प्रशमनार्थ सांगसाऽयुध सवाहन सपरिवार श्री सत्यनारायण पूजनमहं करिष्यामि... ।'

पूजन हुआ, कथा हुई, विसर्जन हुआ। फिर आमंत्रितों में प्रसाद बाँटा गया। इस बीच में रह-रहकर ढोल, पिपिहरीवाले गाते-बजाते रहे। छाँटकर पंद्रह ब्राह्मणों को खाने का निमंत्रण दिया गया था, उन्हें खिलाया गया।

गाँव की तीन-चार वृद्धाओं ने भी असहयोग कर दिया था। गौरी की माँ को किसी की परवाह नहीं थी। हाँ, बेटे का डर ज़रूर था। अभी जयकिशोर के आने में आठ-नौ दिन की देरी थी। उनके आने से पहले ही गौरी ने शुभंकरपुर लौटना चाहा। इस विचार से माँ भी सहमत हो गई।

जेठ की पूर्णिमा को, रात के समय बैलगाड़ी पर रत्ती और चाची राजनगर स्टेशन की ओर चले। गाड़ीवान एक ग्वाला था। गाँव से बाहर आने पर रतिनाथ ने बाबा से कहा, "स्टेशन बहुत दूर है, आइए आप भी चढ़ लीजिए। नहीं तो थक जाएँगे।"

दाँतों तले जीभ दबाकर बाबा ने गंभीरतापूर्वक सिर हिलाया, "उहूँ!"

रत्ती बाबा की ओर बकर-बकर ताकने लगा। अपने हाथ से उसका हाथ दबाकर गौरी ने कहा, "बाबा, कभी बैलगाड़ी पर नहीं चढ़े। तुम्हारा गाँव कहने को तो पंडितों का गाँव है, किंतु आँख-मुँह ढँककर बड़े-बूढ़े भी बैलगाड़ियों पर दूर-दूर तक हो आते हैं। तुम्हारे बाप को भी मैंने एक बार बैलगाड़ी पर बैठे देखा था।"

रत्ती को बूढ़े बाबा के प्रति एक अजीब-सी श्रद्धा हो आई। वह बोला, "तो चाची, कुछ दूर तक मुझे भी इन्हीं के साथ पैदल चलने दो।"

"पागल कहीं का!" चाची ने डाँटा, "फूलकर पैर तुंबा हो जाएँगे!"

आखिर रत्ती ने नहीं माना। छलाँग मारकर नीचे आ गया और शंकर बाबा के पीछे-पीछे चलने लगा। थोड़ी दूर जाकर उसने मुँह खोला, "क्यों बाबा, आप बैलगाड़ी पर क्यों नहीं चढ़ते?"

बाबा सुरती खाते थे। थूककर कहा, "बच्चा, अब कोई इन बातों का विचार नहीं करता। बैल ठहरे शिवजी के वाहन। इनके चारों पैर धर्म के ही चार चरण हैं। इसीलिए ब्राह्मण न हल जोतते हैं, न गाड़ी चलाते हैं। चढ़ना भी मना है।"

बाबा ने एक बार फिर थूका। रत्ती ने फिर पूछा, "तो क्यों लोग चढ़ने लगे हैं? हल तो कोई नहीं जोतता है।" बाबा ने चलते-चलते रतिनाथ का कंधा पकड़ लिया और थोड़ा रुक गए। बोले, "घोर कलियुग आ गया है, आज नहीं तो कल ब्राह्मण हल भी जोतेंगे, देख लेना। अंग्रेजी पढ़े-लिखे ब्राह्मण, सुना है, प्याज-लहसुन खाते हैं। मुर्गी का अंडा खाते हैं..." इतना कहकर बाबा ने फिर थूक दिया।

गाड़ी चली जा रही थी–ढचर-ढचर-ढच! गौरी उसी पर लेटी पड़ी थी। आकाश से चाँद अमृत बरसा रहा था। हौले-हौले हवा चल रही थी। तारों को एक-दूसरे से दूर-दूर देखकर उसे फिर एक बार अपने एकाकी जीवन का खयाल आया। स्त्री और पुरुष, पुरुष और स्त्री एक-दूसरे के पूरक हैं। एक-दूसरे से रहित कुछ नहीं हैं...इसके बाद गौरी को वह व्यक्ति याद आया कि जिसके हाथ में आज से बाईस साल पहले वैदिकजी ने यह हाथ धरा दिया था। फिर उसे अपना अभाव-अभियोग-ग्रस्त वह दांपत्य-जीवन याद आया, जो इसी गाड़ी की भाँति ढचर-ढचर कुछ दिनों जैसे-तैसे चलता रहा। इस गाड़ी के भी दो बैल बराबर नहीं हैं, और हमारी भी जोड़ी ऐसी ही विषम थी...इसके बाद अपने हृदय-आकाश में अकस्मात् उग आनेवाले उस स्वस्थ तरुण की याद आई, जिसे लोग जयनाथ कहते थे।

तब गौरी ने रतिनाथ की ओर मुड़कर देखा। वह बाबा के साथ आहिस्ते-आहिस्ते चला आ रहा था। चाँदनी में उस किशोर का सुंदर मुखमंडल चमक रहा था। मन हुआ कि आवाज़ देकर फिर उसे गाड़ी पर बैठा ले।

और सचमुच ही उसने आवाज़ दी, "आओ, गाड़ी पर चढ़ जाओ।"

रत्ती ने एतराज नहीं किया। चुपचाप आ बैठा। हिलती-डुलती उस गाड़ी पर थोड़ी देर बाद वह नींद के झकोरे खाने लगा और चाची के बदन पर उठंग गया। कुछ समय तक गौरी रतिनाथ की देह पर हाथ फेरती रही। उसे सहसा एक खयाल आया। जयनाथ को धर-पकड़कर किसी तरह दूसरी शादी कर लेने के लिए राजी कर लिया जाए, तो कैसा रहे? एक ही खतरा है कि सौतेली माँ इस लड़के को ज़िंदगी-भर परेशान करती रहेगी! अरे, क्या परेशान करेगी! मैं भी तो रहूँगी। रत्ती को अपने साथ रखूँगी, अपनी दुनिया लेकर जयनाथ और उनकी बीवी अलग रहें। दूसरा फायदा इससे यह होगा कि मुझ पर जयनाथ की लोलुप दृष्टि नहीं पड़ेगी। नई-नवेली सहचरी पाकर निश्चित है कि मेरी ओर से उनका मन खट्टा हो जाएगा।

तीसरा फायदा यह कि उतने बड़े आँगन में रात-बिरात मुझे अकेले रहना पड़ता है। एक साथिन मिलेगी।

आधे रास्ते पर एक ओर बहुत ही चालू एक कुआँ पड़ता था। शंकर बाबा झटककर आगे जा चुके थे। उसी कुएँ पर बैठे सुस्ता रहे थे। गाड़ीवान को दूर से ही उन्होंने आवाज़ दी, "रोकना हो ऽऽ...।"

सड़क कुएँ से दो बीघा दूर थी। गाड़ीवान सोया हुआ था। बैल बेचारे लीक पकड़कर चले जा रहे थे। बाईं ओर जो जुता था, वह सिलेबिया (सँवलिया) था, दाईं ओर धौला। डील-डौल, चाल-ढाल, रंग-रूप, सभी दृष्टि से सिलेबिया अव्वल था। उसकी तुलना में धौला काफी हलका था। सिलेबिया की गर्दन में घंटी बँधी थी। उसकी टुनटुन-टुनटुन उस नीरव निशीथ में अवश्य दूर-दूर तक प्रतिध्वनित होती होगी। बाबा की परिचित आवाज़ सुनकर बैल ठिठक गए! हलका-सा दचका लगा तो गाड़ीवान की नींद टूट गई। गौरी और रतिनाथ भी जगे। सबने उतरकर पानी पिया, पेशाब किया, कुछ देर तक खड़े रहने से बैलों को भी दम मारने की फुरसत मिली। उन्होंने भी मूता।

करीब आध घंटे के बाद गाड़ी फिर चली।

दूर की निविड़ अमराइयों में से चुहचुहिया की आवाज़ आ रही थी। शंकर बाबा राह चलते ही सोते जा रहे थे। एक बार आँख झपकती तो दस कदम तक उसी हालत में चले जाते। वह देहात की कच्ची सड़क थी। राह के किनारे एक ओर तो गाड़ी की लीक थी, और दूसरी ओर पगडंडी। पगडंडी पर कहीं धूल, कहीं चिकनी मिट्टी और कहीं दूब-ही-दूब पड़ती थी। बाबा के पैरों की खुरदरी उँगलियाँ दूब में उलझ जातीं, तो नेत्र खुल जाते। मिट्टी और धूल से तो पैरों को कोई डर था नहीं, इस स्थिति में चुहचुहिया की मधुर आवाज़ ने बाबा को एकदम जगा दिया और उन्होंने प्रभाती का तान छेड़ दिया–"जागहु हो बृजराज, लाज मोर राखहु हो बृजराज...।"

स्टेशन करीब आ गया था। बाबा ने गाड़ीवान से कहा, "अभी तक बैल अपने मन से चले हैं। अब ज़रा इनकी पीठ थपथपाओ। चाल तेज होगी, तो संभव है, सुबहवाली टेन (ट्रेन) मिल जाए। नहीं तो दिन-भर राजनगर ही अगोरना पड़ेगा। तुम्हें क्या है, अभी लौट जाओगे।"

गाड़ीवान ने कहा, "तो बाबा, तुम चलो झपटकर आगे। टिकट-उकट लेना।"

उसने शाबाशी देकर बैलों को ललकारना शुरू किया। वे सरपट दौड़ने लगे। उनकी जोड़ी ठीक रहती, तब तो खूब ही दौड़ सकते थे। थोड़ी देर में बैलगाड़ी राजनगर पहुँच गई। महाराजा के महलों के बगल से जाती हुई आगे उसने कमला का पुल पार किया कि बस स्टेशन!

और ठीक ही उस दिन सुबहवाली ट्रेन घंटा-भर लेट थी। अभी जयनगर से ही वह चली थी। जयनगर के बाद खजौली और खजौली के बाद राजनगर।

शंकर बाबा, चाची और रत्ती प्लेटफॉर्म पर जा बैठे। सामान ज्यादा नहीं था। गाड़ीवान को उन लोगों ने छुट्टी दे दी थी। मगर उसने कहा, ''क्या है, पहर-आध पहर देर ही होगी तो क्या है? आप लोगों की गाड़ी जब छूट जाएगी, तब मैं भी अपनी लढ़िया हाँक दूँगा।''

शंकर बाबा ने दूसरी और तीसरी दफे पैटमैन से पूछकर मन को पक्का किया कि आधा घंटा और बाकी है, तब स्टेशन से बाहर निकलकर पुल के पार एक बाग में वह पहुँचे, और आम के तीन दतुवन तोड़ लाए। नदी के किनारे बैठकर दाँत साफ करने लगे और सोचा—'बहुत दिन हो गए, कमला स्नान नहीं किया। आज तो हो नहीं सकेगा, लौटते समय, हे मैया, अवश्य मैं तुम्हारी धारा में दो डूब लगाऊँगा।'

इतने में टिकट कटाने की घंटी बजी। जल्दी-जल्दी दतुवन चीरकर बाबा ने जीभ को साफ किया, और घाट के अंदर घुटने-भर पानी के अंदर कुल्ला किया, आँख-मुँह धोए। फिर तीन बार अपने ऊपर हिमालय से निकली उस पुण्य सलिला का जल छींटकर अपने को सिक्त किया।

टिकट कटाया। दो पूरा और एक अद्धा। तब तक बंगाल-नार्थ रेलवे की वह छोटी गाड़ी भी आ पहुँची। भीड़-भाड़ अधिक नहीं थी। तीनों चढ़ गए। इंजन ने छुस-छुस की आवाज़ की और चल पड़ी।

तारसराय में शंकर बाबा ने इक्का ठीक किया। इक्केवान ने उस पर बाँस की दो कैनी लगाकर, ऊपर से बड़ी-सी चादर डालकर तंबुआ बनाया। पर्दे का इंतजाम हो जाने पर चाची इक्के पर बैठ गई। इधर का इक्का बनारस और इलाहाबाद के इक्के की तरह नहीं होता। वहाँ के इक्कों पर छतरी होती है। उन्हें देखकर ऐसा लगता है कि पुराने जमाने के रथ का बिगड़ा हुआ आधुनिक नमूना ही हमारे सामने खड़ा है, लेकिन इधर के यह इक्के छतरीदार नहीं होते।

कच्ची सड़क पर डिस्ट्रिक्ट बोर्डवालों ने किसी जमाने में अपनी उदारता

दिखलाई थी। वही रोड़ियाँ यातायात की आधुनिक सुविधा के नाम पर अपना रोना रो रही थीं। इक्का इतना हिलता-डुलता कि चाची ने वह सारा रास्ता आह-ऊह कहते हुए पार किया। बाबा और रत्ती बातें लड़ाते हुए पीछे आ रहे थे।

थोड़ी देर में वे शुभंकरपुर पहुँच गए।

11

दमयंती ने टोल-पड़ोस की प्रमुख और मुँहजोर औरतों को इकट्ठा किया। दोपहर के बाद का समय था। अपने-अपने परिवार को खिला-पिलाकर खुद खा-पीकर औरतें जब निश्चिंत होती हैं, तो ज्ञान-गोष्ठी का सबसे निर्विघ्न यही उनका समय होता है। एक-दूसरे के सुख-दुख की चर्चा; जो मौजूद न रही उसका छिद्रान्वेषण। अर्थ, धर्म, काम, मोक्ष; काशी, प्रयाग, गंगा, यमुना और जाने क्या-क्या। आज की गोष्ठी में रामपुरवाली चाची, सन्नो की माँ, दम्मो फूफी, शकुंतला और जनककिशोरी शामिल हुई थीं।

दम्मो फूफी अपने भतीजे की मसकी हुई चादर में जाली मढ़ रही थीं। रामपुरवाली चाची और सन्नो की माँ अपनी-अपनी तकली लिए आई थीं, शकुंतला को तकिया के खोल पर रंग-बिरंगे सूतों में नक्काशी निकालना था। जनककिशोरी के नाखून ज़रा बड़े-बड़े थे, बह नहरनी लेती आई थी। रामपुरवाली चाची के साथ उसकी दस साल की लड़की बागो भी थी। बागो के हाथ में हनुमानचालीसा था।

पीला धागा सुई में डालती हुई शकुंतला ने कहा, "दम्मो दीदी, दोपहर में तुम्हें सोने की आदत नहीं है?"

रामपुरवाली चाची ने अभी तक तकली चलाना आरंभ नहीं किया था। वह प्यूनियाँ बना रही थीं। काम पर नज़र रखकर ही वह बोलीं, "खाकर तुरंत सबको नींद नहीं आती।" अपनी सुई रोककर दमयंती मुस्कुराई, "नींद का कोई ठिकाना नहीं!"

जनककिशोरी वहीं मिट्टी पर नहरनी की धार ठीक कर रही थी। उसने जब देखा कि सबसे मनोरंजक बात को छोड़कर ये लोग बहकी जा रही हैं, तो उससे नहीं रहा गया। वह बोली, "उमानाथ की माँ नइहर से आई हैं। फूफी, तुम्हारे यहाँ

भी आम भिजवाया होगा।" इसका जवाब फूफी के बदले रामपुरवाली ने दिया। कहा, "हमारे यहाँ भी मालदह के दो आम रत्ती देने आया था। लौटा दिया।"

दमयंती का चेहरा खिल उठा। वह अपनी बारीक सुई को चादर पर चला रही थीं। प्रसन्नता से उँगली की गति रुक गई और वह बोलीं, "उस भ्रष्ट औरत से भगवान् हमें बचाएँ। इन आँखों के सामने वह न आवे, महादेव से मेरी यही प्रार्थना है।" सन्नो की माँ तन्मय होकर अपनी तकली चला रही थी, किर्र-किर्र-किर्र। अब उसका ध्यान भंग हुआ। ऊपरी मन से यह बातें वह सुन रही थी। टकुरी में कते सूत को लपेटती हुई वह बोली, "आम लेने में क्या हर्ज है? हाँ, पकवान-वकवान होता तो बात दूसरी थी।"

दमयंती सुलग उठी। उसकी भौंहें तन गईं। वह सन्नो की माँ पर बरस पड़ी, "सवाल यह आम और पकवान का नहीं है।"

शकुंतला और जनककिशोरी ने अपना सिर हिलाकर इस बात का समर्थन किया। इससे उत्साहित होकर दमयंती दूने ओज से बोलने लगीं, "बात इतनी ही नहीं है सन्नो की माँ, देखना यह है कि पड़ोस के इस पाप का जीवन पर क्या असर पड़ता है। अपराधी को यदि दंड न मिले तो एक दिन भी संसार टिक नहीं सकता। उमानाथ की माँ अपने मायके जाकर पाक-साफ हो आई है। परंतु, शुभंकरपुर का नाम इससे कितना कलंकित हुआ है...।"

दम्मो फूफी आवेश में आ गईं। बागो के हाथ से छूटकर हनुमानचालीसा ज़मीन पर गिर पड़ा। सन्नो की माँ ने कहा, "तो अब उसका क्या होगा? इतना बड़ा कलंक क्या मामूली सज़ा है?"

रामपुरवाली चाची चाहती थीं कि दमयंती और बोलें। तकली छोड़कर उसने सन्नो की माँ का हाथ पकड़ लिया। कहा, "पूरा-पूरा कहने तो दो।"

दमयंती कहती गईं, "अब और क्या होगा? मर्दों का तो कोई ठिकाना है नहीं। अगर हम न रहें, तो संसार से आचार-विचार हट जाए। उमानाथ की माँ व्यभिचारिणी है, पतिता है, भ्रष्टा है, कुलटा है, छिनाल है। उससे हमें किसी प्रकार का संबंध नहीं रखना चाहिए। बोलचाल बंद। बात-विचार बंद। प्रत्येक व्यवहार बंद। हाँ, जयनाथ और रतिनाथ, दोनों बाप-पूत यदि प्रायश्चित्त कर लें तो इस समाज में उनके लिए स्थान हो सकता है, परंतु उमानाथ की माँ को समाज किसी भी हालत में क्षमा नहीं कर सकता।"

रामपुरवाली ने कहा, "बिलकुल ठीक। अपराधी को सज़ा मिलनी ही चाहिए।"

थोड़ी देर तक उस गोष्ठी पर सन्नाटा छाया रहा।

निस्तब्धता को भंग करते हुए कोमल स्वर में दम्मो फूफी से जनककिशोरी ने पूछा, "उमानाथ की माँ भी तो प्रायश्चित्त करके शुद्ध हो सकती है?"

सन्नो की माँ ने जनककिशोरी की ओर देखा मानो यह कह रही हो कि तुम्हारी जिज्ञासा ठीक है। मैं भी यही जानना चाहती थी।

उत्तर दिया दमयंती के बदले रामपुरवाली ने। वह बोलीं, "प्रायश्चित्त की बातें तो कोई पंडित ही बता सकता है। इसमें किसी दूसरे के लिए रियायत थोड़ी ही हो सकेगी।"

दम्मो ने चादर में जाली मढ़ने का अपना काम खत्म कर दिया था। सुई को एक काग़ज़ में टाँचते हुए उन्होंने कहा, "रामपुरवाली की राय सही है, मुदा खाली प्रायश्चित्त किसी काम का नहीं; जाति-बिरादरी का दंड ही इस प्रकार के अपराधों को फिर से न दुहराने की दवा का काम करता है। सामाजिक बहिष्कार तो उमानाथ की माँ का हर हालत में करना पड़ेगा।"

सन्नो की माँ ने कहा, "और इस बात को लेकर अगर गाँव में दो गोल हो जाएँ?"

इस प्रश्न पर सभी थोड़ी देर तक चुप रहीं। मौन भंग किया रामपुरवाली ने। उन्होंने कहा, "भले ही तीन गोल हो जाएँ, हमारा तो उमानाथ की माँ से किसी भी प्रकार का संपर्क न रहेगा।"

दम्मो फूफी ने मौन रहकर अपनी स्वीकृति इस विचार पर दी।

सन्नो की माँ उतनी मुँहजोर नहीं थी, जितनी कि समझदार। रामपुरवाली अपने पति की दूसरी स्त्री थी। भोला पंडित ने पुत्र की लालसा से पैंतालीस साल की उम्र में यह दूसरी शादी की थी। पहली स्त्री भी अब तक मौजूद है। दोनों मुर्गियों की तरह आपस में लड़ती रहती थीं। रामपुरवाली को ही दुनिया विजयिनी मानती है। क्योंकि अपनी सौत को इन्होंने ऐसी करारी हार दी कि वह बेचारी पाँच साल से मायके में पड़ी है। यहाँ शुभंकरपुर के पाँच घरों के इस टोले में अब रामपुरवाली का एकच्छत्र राज है। झगड़ते-झगड़ते अंत में गालियों के अपने जिन तीरों का वह इस्तेमाल करने लग जाती है, यहाँ उनका ज़िक्र न करना ही अच्छा है। एक बार भोला पंडित ने स्वयं अपने श्रीमुख से कहा था, 'पूर्वजन्म में बहुत बड़ा प्रत्यवाय मैंने किया होगा, जिससे रामपुर में अवतार लेनेवाली यह चंडी मेरे घर आ गई।' पंडित को जब बहुत गुस्सा चढ़ता है, तो झोंटा पकड़कर चार लात

देते हैं। और भगवान् की कृपा से ऐसे अवसर इस दंपती के जीवन में आते ही रहते हैं। बागो कोयले की खान का हीरा है। कम बोलना, स्निग्ध और स्थिर आँखों से देखते रहना, मुस्कान और सौंदर्य। बागो का यही परिचय है।

जनककिशोरी और शकुंतला। इंद्रमणि की वही लड़कियाँ हैं जिनका ब्याह बिकौआ से हुआ था। दोनों बहनों का स्वभाव तीव्र था। परंतु बुद्धिमती होने से उनकी यह तीव्रता बात नहीं, काम से जाहिर होती थी। एक का अपने चचेरे भाई से, और दूसरी का कुल्ली राउत के जवान बेटे से गुप्त स्नेह-संबंध था। साल-डेढ़ साल पर बिकौआ महाशय आ ही जाते। डेढ़-दो मास रहकर फिर चले जाते। शकुंतला के तीन लड़के थे, और जनककिशोरी के एक लड़का और एक लड़की। शकुंतला के पति की सात शादियाँ थीं, और जनककिशोरी के पति की दस। शकुंतला का तीसरा लड़का हू-ब-हू उसके चचेरे भाई की शक्ल का था। जनककिशोरी की दोनों संतानें आकृति में कुल्ली राउत की परंपरा में आती थीं।

दम्मो के पिता की दो शादियाँ थीं। पहली शादी से एकमात्र यही दमयंती हुई। दूसरे से दो लड़के थे। पिता का नाम था—विश्वनाथ झा। यह सभी लोग नीलमाधव उपाध्याय के ही वंशज थे। जयनाथ के पिता और विश्वनाथ चचेरे भाई थे। तांत्रिक-साधना में दिलचस्पी लेने के कारण विश्वनाथ आजीवन रक्तांबरधारी रहे। बड़े-बड़े बाल, बड़ी-बड़ी दाढ़ी। दीप्त और प्रशस्त ललाट, सिंदूर का बड़ा-सा ठोप। लाल-सुर्ख धोती। लाल जनेऊ। हाथी के दाँत के तराशे हुए दानों की सुंदर माला—विश्वनाथ का यह स्वरूप अब भी शुभंकरपुर में बहुतों को याद है। उन्हें लोग 'सिद्धजी-सिद्धजी' कहते थे। अपनी ढलती उमर में ग्वालियर और इंदौर जाकर वह रुपए भी काफी बटोर लाए थे। अपनी बाल-विधवा पुत्री—दमयंती को उन्होंने आग्रहपूर्वक यहीं रख लिया। दमयंती के ससुरालवाले उस कोटि के ब्राह्मण थे, जिन्हें अपनी परंपरा से चली आई मर्यादा का बहुत अधिक ख्याल रहता है, जिनकी रग-रग में ब्रह्मवाद और आस्तिकता भरी रहती है, पूर्वजों की ज्ञान-निधि के संरक्षण में बड़े-से-बड़ा त्याग करते हुए जो हिचकते नहीं। जिनके साथ दमयंती का विवाह हुआ उनका नाम था—वाचस्पति पाठक। न्याय और व्याकरण के अद्वितीय विद्वान् थे। छब्बीस साल की उमर में हैजे से उनका देहांत हो गया। और तब से दम्मो अपने पितृ-कुल में रहती आई है। अपनी जायदाद का तीसरा हिस्सा पिता उसके नाम चढ़ा गए हैं।

एक सम्मानित व्यक्ति की बुद्धिमती बेटी होने के नाते गाँव के सामाजिक

जीवन में दमयंती का जो स्थान है, वह उपेक्षणीय नहीं है। समाजपतियों के कूटनीतिक शतरंज की वह भी एक खिलाड़िन है। उसकी पैनी सूझ का लोहा सभी मानते आए हैं।

इसलिए उमानाथ की माँ के संबंध में दम्मो फूफी का उक्त निर्णय बड़ा ही महत्त्व रखता था।

12

रतिनाथ तेरह-चौदह दिन पर गाँव आया था।

देहात की पाठशाला और सो भी संस्कृत की। उसका बंद रहना और न रहना बराबर है। अपने साथियों से मिलने की इच्छा रत्ती को पाठशाला की ओर खींच ले गई। पहर-भर दिन बाकी था। तीन-चार ही लड़के थे। सरस्वती को प्रणाम करने के पश्चात् रतिनाथ ने पंडितजी के पैर छुए। वह उल्लसित होकर बोले, "क्यों रे, कहकर नहीं गया था?"

रत्ती की जबान बेधड़क होकर झूठ खेल गई, "क्या करता गुरुजी, पिताजी ने कहा। जाना ही पड़ा। बतला तो उन्होंने आपको दिया ही होगा!"

गाय का पगहा टूट गया था। पंडितजी कुशासन पर बैठे हुए उसकी मरम्मत कर रहे थे। आगे सन पड़ा था। पगहा की नई गाँठ को दोनों हाथों की पूरी ताकत लगाकर पंडितजी कस रहे थे। बीच ही में बोल उठे, "नहीं, तुम्हारे बाप ने मुझे यह सब नहीं बतलाया। हाँ, सत्तो से तुम्हारे तरकुलवा जाने की बात मालूम हुई थी..." तब पंडितजी ने गौर से रत्ती की ओर देखा और आँखें फाड़कर बोले, "देखता हूँ, दस ही दिन की पहुनाई में तेरी शक्ल बदल गई है।"

सत्तो मौजूद था। मुस्कुराकर उसने कहा, "हाँ, गुरुजी, बंबई और मालदह इतना अधिक खा आया है, कि साल-भर बदन इसका लाल ही रहेगा।"

रत्ती ने मटकी मारकर सत्तो की ओर देखा, फिर नज़र नीचे कर ली।

पगहा की मरम्मत हो चुकी थी। कुछ मामूली-सा पढ़ा-वढ़ाकर पंडितजी शौच के लिए निकल गए। थोड़ी देर बाद रतिनाथ भी चला आया। कल ही से रत्ती का मन बागो से मिलने के लिए तरस रहा था। आज शाम को पाठशाला से लौटने के बाद वह अपने घर की ओर न जाकर भोला पंडित के दालान की

ओर चला गया।

भोला पंडित का घर इंद्रमणि के घर से कुछ उत्तर तरफ था। उसके दो तरफ खेत थे। पीछे की ओर बाँस का जंगल था। रामपुरवाली चाची की कोख से बागो के अलावा एक और संतान पैदा हुई थी, लड़का। नौ महीने का होकर वह चल बसा। उसके बाद संतान होने का कोई लक्षण किसी को दिखाई नहीं पड़ा। भोला पंडित सत्तर की उमर टाप गए थे। हड्डी इतनी मजबूत थी कि चौदह-चौदह, सोलह-सोलह घंटा अब भी खटते रहते। तेरहों अध्याय चंडी (दुर्गा सप्तशती) का पाठ रोज करते। कंठस्थ हो गया था सारा। सुबह उठकर, शौच से निबट चुकने के बाद उनका यह भनभन शुरू हो जाता। हाथ लगे रहते काम में और जीभ नाम में। दुनियादारी और जगदंबा की स्तुति। इहलोक और परलोक। यह दोनों भोला पंडित साथ चलाते। इस बीच कोई मिलनेवाला आता तो उससे एक प्रकार की अस्पष्ट भाषा में मतलब की बात भी कर लेते, जैसे कि कोई आकर कहता, 'पंडितजी, आज दोपहर का निमंत्रण देता हूँ,' तो पंडित पाठ छोड़कर उससे पूछ बैठते, 'ङौङ-ङौङ-ङङेङा (कौन-कौन रहेगा)' और उनका ऐसा करना बिलकुल दुरुस्त था। चंडी, गीता अथवा किन्हीं अन्य धार्मिक ग्रंथों का पारायण करते समय बीच-बीच में आप बातचीत नहीं कर सकते। हाँ, संस्कृत की बात दूसरी है। वह ठहरी देवताओं की वाणी। उसका इस्तेमाल भले ही कोई कर ले। अनिवार्य आवश्यकता पड़ने पर समझदार लोग इसी ङू-ङा या ऊँ-आँ जैसी अव्यक्त ध्वनियों का सहारा लेते हैं।

भोला पंडित की दौड़-धूप का क्षेत्र चार जिलों तक विस्तृत था—दरभंगा, मुंगेर, भागलपुर और पूर्णिया। साल में एक बार तीन दिन के लिए वह बेतिया भी जाते थे। भिक्षा, आशीर्वाद, अनुष्ठान और रिश्तेदारी के सिलसिले में प्रतिवर्ष चार-छः महीने उनके बाहर बीत जाते। राजाबहादुर दुर्गानंदनसिंह से लेकर बनैली के राजा कीर्त्यानंदसिंह तक भोला पंडित की शुभकामनाओं के पात्र थे। भागलपुर का सबसे धनी मारवाड़ी उन दिनों रायबहादुर भोलीराम जयपुरिया था। वहाँ तक पंडित की पहुँच थी।

असमर्थ व्यक्तियों के प्रति इस ब्राह्मण के हृदय में असीम करुणा थी। कितने ही लूले, लँगड़े, अंधे, अपाहिज और बूढ़े भोला पंडित की कृपा से अधखिली कलियों-जैसी बालिकाओं को गृहलक्ष्मी के रूप में पाकर निहाल हो गए। एक-एक ब्याह में पचास-पचास रुपए पंडित के बँधे हुए थे। उमानाथ की बहन को भी इन्हीं

महाशय ने पैंतालीस साल के एक महामूर्ख के चंगुल में डाल दिया था। इस तरह पचीसों लड़कियाँ आपका नाम लेकर दच्छिन-पच्छिम में करम कूट रही थीं। तारा बाबा का कहना था कि भोला पंडित ब्रह्मपिशाच होगा। पचीसों लड़कियाँ जिसके नाम पर रात-दिन आँसू बहाएँ, उसका भला कैसे होगा? दस-पाँच लड़कों को भी ठगने में पंडित ने सफलता पाई थी। किसी के पल्ले गूँगी पड़ी, तो किसी के पल्ले अंधी। किसी के पल्ले लँगड़ी पड़ी, तो किसी के पल्ले कुबड़ी।

परंतु इससे क्या? बाबा बैद्यनाथ प्रसन्न रहें, पंडित का कौन क्या कर लेगा? वह साल-साल कंधे पर कामरू लेकर गंगाजल भरकर पैदल ही देवघर पहुँचता है। बाबा पर जल डालता है। कौन है ऐसा शुभंकरपुर में?

बागो के बारे में रामपुरवाली चाची अभी से सतर्क थी। डर था कि पंडित कहीं से किसी मसानवासी कापालिक को लाकर इस गौरी के साथ न उसे बैठा दें।

रतिनाथ की दरवाज़े पर ही बागो से भेंट हो गई। नज़र पड़ते ही लड़की ने मुँह फेर लिया। रत्ती नज़दीक आया और बोला, "कल दिन-भर घर के काम में लगा रहा। आज सुबह चाची के काम से परसौनी गया था। दोपहर के बाद पाठशाला जाना पड़ा और अब जाकर कहीं फुरसत मिली है।"

भौंहें तानकर बागो ने सिर हिलाया।

"नहीं, अपनी कसम! मैं बहानेबाजी नहीं करता।" रत्ती ने कहा।

लड़की ने चट से लड़के की कलाई पकड़ ली, "बड़ी बुरी आदत है तुम्हारी, कुछ बात हुई नहीं कि अपनी कसम खा ली।"

रत्ती ने बागो के चेहरे पर आँखें गड़ा दीं। थोड़ा रुककर बोला, "तुम मानती जो नहीं हो!"

हाथ पकड़कर बागो रत्ती को खींचे आँगन ले गई। रामपुरवाली चाची किसी दूसरे के घर गई हुई थीं। बागो ने एक पीढ़ा डाल दिया और इशारे से कहा, "बैठ जाओ।"

रतिनाथ चुपचाप बैठ गया और निर्निमेष बागो की ओर देखने लगा। चार-पाँच साल की पुरानी मित्रता थी। दोनों एक-दूसरे को जी-जान से प्यार करते थे। दोनों ने साथ-साथ तालाब में तैरना सीखा था। आसिन के रात्रिशेष में उस बूढ़े हरसिंगार के नीचे खड़े होकर दोनों ने एक-दूसरे के लिए फूल चुने थे। किसी रात हवा नहीं चलने से खिले फूल अपने-अपने वृंतों से चिपके रह जाते। तब बागो

सहारा देती और रतिनाथ उस पेड़ पर चढ़ जाता। छोटी-बड़ी डालों को हिलाकर नीचे उतर आता, फिर दोनों साथ फूल चुनने लगते। दोनों की डलियाँ जब भर जातीं, तो वे एक-दूसरे पर चुने हुए फूल बिखेर देते। अपने बड़े-बड़े बालों में उलझे फूलों की ओर संकेत करती हुई बागो कहती, 'यह तुमने क्या किया? कैसे ये झड़ेंगे?'

हँसकर रतिनाथ उत्तर देता, 'रहने भी दो। क्या बिगाड़ते हैं?'

झुँझलाकर वह रत्ती की गरदन से लपेटे हुए गमछे का पल्ला पकड़ लेती, 'नहीं, मेरे बालों से एक-एक कर ये फूल तुम्हें हटाने होंगे।'

'नहीं तो?'

'नहीं तो फिर कभी तुम्हारे साथ इस हरसिंगार के नीचे मैं नहीं आऊँगी।'

तब, हरे काँच की चार-चार चूड़ियोंवाले उन गोरे हाथों को अपने हाथों से रतिनाथ दबा देता और उसका सिर सूँघ लेता।

फिर विभोर होकर वह चुपचाप उसकी पीठ की तरफ हो लेता और बालों में से लगता फूल निकालने। दो-एक फूल जानबूझकर छोड़ देता...।

"क्या बात है?" खंभे से सटकर खड़ी हुई बागो बोली, "क्या सोच रहे हो?"

रत्ती का सपना टूट गया। चौंककर उसने कहा, "कुछ तो नहीं।" फिर दोनों टोल-पड़ोस के दूसरे लड़कों और लड़कियों की चर्चा में लग गए। अंत में बागो ने दम्मो फूफी की उस ज्ञान-गोष्ठी का जिक्र किया, जिसमें वह खुद भी मौजूद थी। रत्ती इतना ही समझ सका कि उसकी चाची के खिलाफ लोग कुछ साजिश कर रहे हैं।

कहीं से आए हुए दो पेड़े रखे पड़े थे। उनमें से एक बागो निकाल लाई और रत्ती के हाथ पर धर दिया। बोली, "पानी लाती हूँ। पीकर जाना।"

तोड़-तोड़कर थोड़ा-थोड़ा वह पेड़ा खाने लगा। खाते-खाते सोच रहा था, चाची के बाद दूसरी कोई औरत मुझे मानती है तो यही बागो। कई बार ऐसा हुआ है कि रत्ती बाप के पैसे चुराकर कहीं से कुछ खा-पी आया है। और, पीछे पिटाई के आतंक से चेहरा कुम्हला गया है, तो खोद-खोदकर इस लड़की ने चिंता का कारण मालूम कर लिया। फिर उतने पैसे अपनी माँ की डिबिया में से लेकर रत्ती को दिए हैं। और उसने अपने बाप के बटुए में ज्यों-के-त्यों वे पैसे फिर से रख दिए हैं।

रतिनाथ की चाची

अपने आँगन में पैर रखते ही रतिनाथ की निगाह पिता पर पड़ी। वह भाँग घोट रहे थे। चुनार के पत्थर की बनी हुई यह कुंडी जयनाथ विंध्याचल से लेते आए थे। वह लाल पत्थर की थी। बड़ी मजबूत, वजन में तीन सेर की रही होगी। सोंटा अमरूद का था। भोला पंडित की बगिया में अमरूद का एक पेड़ है। उसी की पतली डाली काटकर जयनाथ ने भाँग घोटने का यह सोंटा तैयार किया था। सदियों के तजुर्बे के बाद भंग-भक्तों की राय अब पक्की हो गई है, कि अमरूद का सोंटा घिसता कम है। भाँग पीसने के लिए बहुत ही उपयोगी होता है। आम, जामुन, कटहल वगैरह की डाली से तैयार किया हुआ सोंटा भुस-भुस घिसता है। बंभोले की बूटी छाननेवाले इसीलिए अमरूद के सोंटे की प्रशंसा करते थकते नहीं। जयनाथ कड़ी पत्ती का इस्तेमाल करते थे। गिनकर ग्यारह काली मिर्च डालते, दो बादाम। चुटकी-भर सौंफ। चीनी और गुड़ डालकर भाँग पीना उन्हें पसंद नहीं था। वह कहते, 'यह साधकों की चीज़ नहीं है। पर्व-त्योहार को नशाखोरी की नीयत से भाँग पीनेवाले ऐसा भले कर लें, परंतु विजयादेवी के जो नित्य सेवक हैं, उन्हें कड़वी भाँग ही प्रिय होती है।'

रत्ती ने छिपाकर एक बार थोड़ी भाँग पी ली थी। बुरा हाल हो गया उसका। खाते समय मुँह के बदले कान में ही उसने भात के कौर डालने शुरू किए। जयनाथ ने पूछा, 'दाल में नमक तो ठीक है?' लड़के ने यों ही मुँह चलाकर सिर हिला दिया। कंधे पर कान से भात गिरते देखकर पिता ने समझा, लड़के ने भाँग खा ली है। बस, फिर क्या था—रत्ती पर बड़ी पिटाई पड़ी। चाची ने आकर छुड़ा लिया था, नहीं तो उस रात पीट-पीटकर जयनाथ उसे दुंबा[1] बना देते। उस वक्त नशे में चोट नहीं लगी, मगर अगले दिन रत्ती का बदन टूटा जा रहा था। चाची ने दो बार मालिश कर दी, तब जाकर दर्द हटा। मालिश के वक्त जयनाथ ने देखा तो दाँत पीसते हुए कहा, 'बेटीचोद! फिर कभी भाँग तूने पी, तो कुल्हाड़ी से गरदन काट लूँगा।'

चाची ने जयनाथ को फटकारा, 'खुद जो पीते हो, भर-भर लोटा।'

जयनाथ बड़बड़ाते हुए आँगन से बाहर हो गए कि मैं तो अभिमंत्रित करके पीता हूँ, उसमें नशा कम होता है।

जयनाथ तन्मय होकर भाँग घोट रहे थे! रत्ती नज़दीक आकर खड़ा हो गया।

---

1. पंजाब-सरहद और कश्मीर में मोटा-तगड़ा बकरा दुंबा कहलाता है।

पिता ने पूछा, "क्या चाहिए?"

"कड़ुवा तेल नहीं है।" पुत्र ने कहा।

जयनाथ बोले, "अभी उमानाथ की माँ से लेकर काम चला लेंगे, कल देखा जाएगा।"

रत्ती की आवाज़ सुनकर चाची निकल आई। उपालंभ के स्वर में वह बोली, "आज नाश्ता नहीं किया रे!"

रतिनाथ ने निगाहें ज़मीन पर गड़ा लीं। चाची ने सिर से पैर तक उसकी ओर देखा। ज़रा रुककर बोली, "तो खाना मैं ही बना रही हूँ।"

रत्ती चुप रहा। पिसी हुई भाँग के गोले को पानी से मिलाते हुए जयनाथ बोल उठे, "तो इस गर्मी में अपने पेट के लिए चूल्हे के पास बैठकर मैं तपस्या क्यों करूँ? पाव-डेढ़ पाव चिउड़ा घर में है ही, घिवही आम का गाढ़ा रस और फूला हुआ चिउड़ा...ज़रा-सी कसौंझी...आहा-हा!! इस दिव्य पदार्थ के आगे भात-दाल-तरकारी गोबर है।"

चाची से न रहा गया। वह बोली, "रात-दिन वही गोबर तो खाते रहते हो।"

"अरे गोबर, नहीं एक बात कही है।" जयनाथ ने कहा, "जब परिश्रम किए बिना भी खाने की चीज़ सुलभ है, तो रसोई के झंझट में वह पड़ते ही क्यों?"

कमलनाथ, वैद्यनाथ और जयनाथ–जब तक माँ जीती रही, तीनों इकट्ठे रहे। उसके बाद अलग-विलग हो गए। ज़मीन-जायदाद, बर्तन-बासन सभी के तीन हिस्से हुए। चूल्हे भी तीन। कमलनाथ यहाँ थे नहीं। रह गए वैद्यनाथ और जयनाथ। यह दोनों भी अलग-विलग थे। वैद्यनाथ की मृत्यु के बाद जब रत्ती की माँ मरी तो बेचारे जयनाथ की गृहस्थी छिन्न-भिन्न हो गई। यों तो वह पहले ही से गई-गुजरी थी, क्योंकि जयनाथ ठिकाने से कभी शुभंकरपुर नहीं रहे। उनकी सारी जवानी कटी थी भागलपुर से बाईस कोस दक्षिण बड़हड़वा में। वहाँ इन लोगों की बड़ी बहन सुमित्रा की ससुराल थी।

इसकी भी एक कहानी है। आज से चालीस साल पहले रुपया ही महँगा था, चीज़ें खूब सस्ती थीं। मेवालाल ठाकुर बड़हड़वा के बहुत बड़े काश्तकार थे। पचास वर्ष की उमर में उन पर यह सनक सवार हुई कि किसी कुलीन कन्या का पाणिग्रहण करना चाहिए। दो शादियाँ इससे पहले की थीं। वे दोनों औरतें मौजूद

थीं। उनमें से एक के चार और दूसरी के सात संतानें थीं। जयनाथ के पिता को अपने एक मित्र से मेवालाल की यह इच्छा मालूम हुई। यह जानकर कि बड़हड़वावाले बहुत ही धनी हैं और धूमधाम से शादी करेंगे, उन्होंने निश्चय किया कि अपनी कन्या सुमित्रा का ब्याह उधर ही कर देंगे, तदनुसार बातचीत शुरू हो गई और संबंध स्थिर हो गया। रानी छाप के दो सौ नगद रुपए, सौ मन कनकजीरा चावल, पंद्रह मन अरहर की दाल, दो मन घी, पाँच थान ननगिलाट (लाँग क्लॉथ)–इतना सामान लेकर मेवालाल ठाकुर शुभंकरपुर आए थे शादी करने। बारात में कुल चार आदमी थे। एक खबास था। गरीब ब्राह्मण के घर को ठाकुरजी ने भर दिया। गहनों से सुमित्रा लद गई। खानदान के पाँचों घर की औरतों को एक-एक बिसहत्थी साड़ी मिली थी। कुल्ली राउत को दो धोतियाँ। उसकी घरवाली को दस हाथ की साड़ी! छः महीने बाद ही गौना हुआ।

भाइयों में जयनाथ ही छोटे थे। वही साथ गए। पहली यात्रा में वह साल-भर बड़हड़वा रह आए। दूध, दही, घी, मछली-मांस–इनकी प्रचुरता ने जयनाथ के मन और तन दोनों पर प्रभाव डाला। वह सदा के लिए अपने बहनोई के यहाँ रहने के लिए तैयार थे। अपनी शादी और गौने के बाद भी जयनाथ का मन घर पर नहीं लगता था। वह भाग-भागकर बड़हड़वा पहुँच जाते। टट्टू और गधे को छोड़ दीजिए। वह उसी मैदान की ओर पिछली दो टाँगों के बल पर रुक-रुककर कूदता हुआ पहुँच जाएगा जिसकी हरी-हरी मुलायम दूबों का स्वाद उसे भलीभाँति मालूम है। यही हाल था जयनाथ का। बड़हड़वा उनके लिए हरी घास का अक्षय मैदान था। फिर अपनी सारी जवानी अगर उन्होंने दक्षिण भागलपुर के उस देहात में बिता दी, तो इसमें आश्चर्य ही क्या? ठाकुरजी की विधवा भावज वहाँ जयनाथ के लिए जान देती थी। खेत की मजदूरिनों से हँसी-मखौल करने का जयनाथ को अबाध अधिकार था। विशाल वटवृक्ष की छाया में दस-पाँच गायों के बीच खड़े होकर साँड जैसे आँखें मूँदे जुगाली करता रहता है, वही स्थिति थी जयनाथ की।

यही बात थी कि गृहस्थी में कभी जयनाथ का मन नहीं लगा। रत्ती की माँ मर गई, तब से उमानाथ की माँ ने अपने देवर की टूटी गृहस्थी को सँभालने की बराबर ही चेष्टा की है।

अलगाव-विलगाव की वह मोटी दीवाल बहुत कुछ ढह चुकी थी। नाममात्र को दो चूल्हे थे। खाना बहुधा साथ ही बनता। और जयनाथ जब बाहर रहते, तब

तो रत्ती रात-दिन चाची के ही घर में आसन जमाए रहता; आँगन के दक्षिण ओर अपना बंद घर उस लड़के का ध्यान शायद ही कभी आकर्षित करता।

भाँग पीकर जयनाथ बलुआहा पोखर की ओर निकल गए और रत्ती चाची के घर में घुसा। खाना तैयार होने में कुछ देर थी।

13

ठीक दीवाली के दिन वैद्यनाथ की वर्षी पड़ती थी। इस अवसर पर उमानाथ घर आता। कम-से-कम पाँच ब्राह्मण जिंवाए जाते। किसी-किसी वर्ष यह संख्या, सात और नौ तक पहुँच जाती। प्रथा यह है कि पाँच वर्षों तक कम-से-कम ग्यारह व्यक्तियों को निमंत्रण दिया जाए। उसके बाद आप स्वतंत्र हैं।

परंतु, इस वर्ष तो समस्या ही दूसरी थी! कौन खाएगा उमानाथ के घर? सभी ने उसकी माँ को समाज से बहिष्कृत कर दिया है।

उमानाथ दुर्गा-पूजा की छुट्टी में हमेशा आता और दीवाली के दिन बाप की वर्षी करके फौरन चल देता, बहन के यहाँ। (कार्तिक शुक्ल द्वितीय उन व्यक्तियों के लिए एक महत्त्वपूर्ण तिथि है, जिनकी बहन जीवित हो। भाई-दूज का यह त्योहार उमानाथ के लिए बचपन से ही आनंद और उत्साह का दिन रहा है।) ब्याहकर दूर चली जाने पर भी प्रतिभामा, प्रतिवर्ष अपने भाई को इस त्योहार के अवसर पर बुलवाती ही। उमानाथ जब से भागलपुर रहने लगा, तब से तो आग्रह और भी अधिक हो गया।

इस बार दुर्गा-पूजा की छुट्टी में, कलश-स्थापन (नवरात्रि के आरंभ का दिन—आश्विन शुक्ल, प्रतिपदा) से दो रोज पहले उमानाथ घर पहुँचा, पर थोड़ी ही देर बाद अपनी माँ के संबंध में सारी बात जब उसे मालूम हुई, तो ग्लानि और क्षोभ के मारे उसका दिमाग फटने लगा। और उससे यह सब कहा किसने? दम्मो बुआ ने।

आँखों में आँसू भरकर विषाद की फीकी छाया चेहरे पर लाकर फूफी ने उमानाथ से कहा था, ''बबुआ, तेरी माँ ऐसी कुलबोरनी निकलेगी, इस बात का ज़रा भी पता पहले होता, तो कभी मैं वैद्यनाथ की शादी तरकुलवा में नहीं होने

देती। सोचो तो, नीलमाधव उपाध्याय का यह विमल वंश कितना प्रसिद्ध है! और एक विधवा...” इतना कहते-कहते उन बनावटी आँसुओं को आँचल के खूँट से दमयंती ने पोंछ लिया और हाथ पकड़कर उमानाथ को अपने दरवाज़े की भीत के ओट में ले गई।

उमानाथ फुँफकारता हुआ अपने आँगन में आया और माँ का झोंटा पकड़ लिया। वह बेचारी इस आकस्मिक आक्रमण से चकित थी ही कि इसी बीच लड़के ने उसकी पीठ पर आठ-दस लात गदागद जमा दिए। चाची ऐंचकर रह गई। उसे यह समझते देर न लगी कि दमयंती ने उमानाथ के कान भरे हैं।

अपने आँसू, अपनी आह—चाची सब पी गई।

पति, पुत्र या परिपालक के द्वारा पीटी जाने पर जो औरत न रोए, न चिल्लाए और न आह-ऊह करे, तो क्या होगा? होगा यही कि पीटनेवाले का क्रोध क्षोभ के रूप में बदल जाएगा। तब अपना कपार आप ही वह पीट लेगा...।

उमानाथ का मन न भरा। दाँत पीसता हुआ वह बोला, “राक्षसी कहीं की! ले, रख अपना घर। मैं जाता हूँ, तालाब में डूबने और तब तू मौज मारती रहना...।”

उठकर चट से चाची ने उमानाथ के पैर छान लिए।

लड़का चिल्लाया, “नहीं, नहीं, जीकर मैं क्या करूँगा। गले में घड़ा बाँधकर डूब मरूँगा, तभी मुझे शांति मिलेगी।”

“नहीं भैया!” लड़के के पैरों पर अपना मुक्त-कुंतल मस्तक डालकर माँ गिड़गिड़ाई, “नहीं भैया, कोने में कुल्हाड़ा रखा है, उठा लाओ, मुझे खंड-खंड कर दो! मैं खुद इसीलिए नहीं डूब मरी कि तुम्हारे हाथों सद्‌गति मिलेगी तो मेरे सारे कुकर्म धुल जाएँगे।”

माँ के बाहुपाश से अपने पैर छुड़ाकर वह अलग हो गया और बीच घर में बैठकर फूट-फूटकर रोने लगा। माँ की आँखें भी आँसुओं से तर थीं। वह उठी। लड़के के बिलकुल करीब जाकर बैठ गई। आँचल के खूँट से उसके आँसू पोंछने लगी। परंतु आज उमानाथ का हृदय गर्मी की गंगोत्री बन गया था। तापविगलित हिमानी प्रखर स्रोत की भूमिका बनकर जब बह निकलती है, तो मैदान की गंगा अपने दोनों तटों को आप्लावित करती हुई बहती चली जाती है।

बहुत देर तक उमानाथ रोता रहा, माँ पास ही बैठी बराबर उसके आँसू पोंछती रही। पाठशाला से रतिनाथ आ गया, अब जाकर वह उठा और लोटे में

पानी लेकर आँख-मुँह धो आया।

रत्ती को साहस नहीं हुआ कि चाची से पूछे।

यह सब तो हुआ, किंतु निमंत्रण देने पर वर्षी के दिन कोई खाने नहीं आया। मूर्ख और मंदबुद्धि रहने पर भी उमानाथ होनहार को बलवान् तो मानता ही था। अपनी अपराधिनी माँ को क्षमा करके उसे फिर कभी पश्चात्ताप नहीं हुआ। दीवाली के दिन ही वह भागलपुर के लिए रवाना हो गया।

14

दुर्गा-पूजा के दसों दिन जयनाथ ने विंध्याचल में बिताए। एक मारवाड़ी ने चंडी का सम्पुट पाठ करवाया था। पाठ करनेवाले नौ थे। पच्चीस-पच्चीस की दक्षिणा मिली थी। एक-एक जोड़ा धोती। दसों दिन फलाहार का इंतजाम था। शाम को गंगा के किनारे पंडे ठंढई छानते। वहीं जयनाथ भी अपनी कुंडी और सोंटा लेकर एक ओर बैठ जाते। पाठ करनेवालों में से चार मैथिल थे और पाँच सरयूपारी। सेठ था कलकत्ते का, मगर प्रबंध में मिर्जापुर के हरिहर पंडे का हाथ था। सेठ के लड़के को लड़का नहीं हो रहा था। इसीलिए भगवती विंध्यवासिनी की आराधना वह करवा रहा था। हरिहर पंडे से जयनाथ का पहले से ही परिचय था। खत लिखकर उसने जयनाथ को इस बार बुलाया था। शर्त यह थी कि अपनी दक्षिणा में से पाँच रुपए पंडे को देने पड़ेंगे। सभी से पाँच-पाँच उसने लिए थे। सेठ से एकमुश्त पाँच सौ लिया था।

दीवाली के बाद जयनाथ प्रयाग चले गए। वहाँ बेतिया की महारानी रहती थी। पागल करार देकर उनका राज सरकार ने कोरट में ले लिया था। सालाना डेढ़ लाख रुपया उन्हें खर्च के लिए मिलता था। इलाहाबाद में एक बड़ा-सा बँगला लेकर अपने अमले और नौकर-चाकर के साथ रहती थीं।

बेतिया की महारानी के यहाँ पूजा-पाठ, अनुष्ठान, जप और ध्यान का कुछ-न-कुछ सिलसिला लगा ही रहता। रुद्रधर मिश्र पुजारी के तौर पर रानी के यहाँ रहते थे। इस बार विजयादशमी के दिन महारानी भगवती का दर्शन करने विंध्याचल गईं तो मिश्रजी भी साथ थे। वहीं जयनाथ का मिश्रजी से परिचय हुआ और वही परिचय जयनाथ को प्रयाग खींच लाया। एक मास महामृत्युंजय का जप करके चालीस रुपया दक्षिणा पाई। भोजन का प्रबंध तो खैर अलग से था ही।

रतिनाथ की चाची

प्रयाग से जयनाथ काशी आ गए।

काशी बहुत ही विलक्षण और बड़ा ही विचित्र स्थान है। ऐसा लगता है, मानो हिंदुत्व और भारतीयता के सारे गुण और सारे दुर्गुण यहाँ बाबा विश्वनाथ की शरण में दुबके पड़े हैं। इससे पहले भी जयनाथ दो बार काशी आ चुके थे। बनैली के राजा पद्मानंदसिंह की रानी पद्मावती ने नेपाली खपड़ा मुहल्ले में तारा भगवती का एक मंदिर बनवाया। भोग-राग के लिए लाख रुपए की तहसील भगवती के नाम ट्रस्ट कर गईं। गरीब विद्यार्थी और काशीवास की इच्छा से आनेवाले बूढ़े पचासों की तादाद में वहाँ नित्य भोजन पाते। परंतु यह सुविधा केवल मैथिल ब्राह्मणों के लिए ही थी। मंदिर के मैनेजर से जयनाथ का दूर की रिश्तेदारी का लपेट था। इसलिए चाहे जितने दिन काशीवासी बनकर वह तारा भगवती का प्रसाद पा सकते थे। फिर भी होली तक ही रहे। साढ़े-तीन महीने के इस काशीवास की स्मृतियाँ जयनाथ को जीवन-भर न भूलेंगी। यह अनुताप कि पंडित नहीं बना, उनके हृदय में काशी रहते समय और तीव्र, और भी असह्य हो उठा। बड़े-बड़े पंडितों को गंगा में तख्त पर बैठे त्रिपुंड किए, जप में लीन देखते तो जयनाथ सोचने लगते—यह अगर पच्छिम की ओर निकल जाएँ, तो सौ-सौ रुपए का मासिक वेतन पाएँ। परंतु विद्या भी विजया की तरह एक मादक वस्तु है। तभी तो पंद्रह-पंद्रह, बीस-बीस रुपए लेकर ज़िंदगी-भर ये लोग काशी ही में पढ़ाते रह जाते हैं। जयनाथ को अपने देश के महामहोपाध्याय भवनाथ मिश्र का नाम याद आया, जिन्हें लोग अयाची कहते थे। वह जीवन-भर किसी से कुछ माँगने नहीं गए। अपनी कुटिया में बैठकर विद्यार्थियों को पढ़ाते रहे।

इन बातों से रह-रहकर जयनाथ को अपनी मूर्खता खलती और आहत मन को बहलाने के लिए वह कचौड़ी गली, कुंजगली, ठठेरी बाज़ार, चौक और दशाश्वमेध की राह लेते। यदाकदा परिचितों की निगाह बचाकर दालमंडी का भी चक्कर लगा आते। 'राँड़, साँड़, सीढ़ी, संन्यासी, इनसे बचे तो सेवै काशी।' सो, बेचारे जयनाथ झा आखिर उलझ ही गए। विश्वनाथ और अन्नपूर्णा की पूजा कर चुकने पर लोग ढुंढिराज पर जल चढ़ाने जाते हैं। वहाँ से दंडपाणि। दंडपाणिवाली गली में चूड़ियों की कई दुकानें हैं।

एक दिन जयनाथ ने देखा कि दो विधवाएँ वहीं एक दुकान पर मैथिली बोली में चूड़ियों का मोल-भाव कर रही हैं। जयनाथ के कंधे पर भीगी धोती थी,

हाथ में लोटा था। जल चढ़ाकर आ रहे थे। अपनी मातृभाषा में विधवाओं को बोलते पाकर वह ठिठक गए। बाद में जिधर वे चलीं, वह भी उधर ही हो लिए। जाते-जाते मणिकर्णिका घाट के पास ऊपर एक गली में एक मकान के अंदर वे घुसीं। उस मकान की दीवाल पर किसी ने गेरू से लिख दिया था—मैथिल विधवा-निवास। साहस हुआ, अंदर गए। एक बुढ़िया नल के पास कपड़ा फींच रही थी। उसने देखते ही पूछा, "किसे ढूँढ़ते हो?"

"शुभंकरपुर की एक मुसम्मात यहाँ रहती है। उससे ही मिलने आया हूँ।"

बुढ़िया ने सिर हिलाकर कहा, "ना, ना, शुभंकरपुर की तो कोई नहीं है यहाँ।"

इतने में उन्हीं दो में से एक विधवा ने ऊपर से झाँककर देखा और पूछा, "आप कहाँ के रहनेवाले हैं?"

"शुभंकरपुर के।" जयनाथ ने कहा।

ऊपर से आवाज़ आई। "ठहरिए..." सीढ़ियों से धम्-धम् करते दो हल्के पैर नीचे उतर आए। नज़दीक आकर उस विधवा ने माथे का कपड़ा ठीक किया और बोली, "मैं परसौनी की रहनेवाली हूँ। शुभंकरपुर और परसौनी दोनों पड़ोसी हैं।"

जयनाथ बरबस मुस्कुरा पड़े, "तो हम और आप पड़ोसी हुए।"

बिना किसी संकोच के चट से उस औरत ने कहा, "इसमें भी क्या कुछ संदेह है?..." थोड़ा रुककर वह फिर बोली, "ऊपर चलिए, हमारी कोठरी को अपनी चरण-धूलि से...।"

जयनाथ ने टोका, "प्रतिदिन भोरे-भोरे जहाँ की गलियाँ झाड़-बुहारकर साफ कर ली जाती हों, वहाँ भला चरण-धूलि?"

"धूल न सही, चरण तो पड़ेंगे!" विधवा ने कहा, और सीढ़ियों पर से चढ़कर ऊपर चलने का संकेत किया।

चार महीने हो गए थे, जयनाथ को घर छोड़े। इतने दिनों पर नज़दीक से एक स्त्री का मुँह देखकर और उस मुँह से निकली बातें सीधे अपने कानों से सुनकर उनका मन प्रसन्न हो गया।

दुतल्ले पर पहुँचकर पूरब की ओर एक छोटी कोठरी के पास वह औरत रुक गई। मुड़कर जयनाथ की ओर देखा और बोली, "इस मकान का किराया अपने ही जिले के एक श्रीमान् देते हैं। हम विधवाओं पर उनकी विशेष कृपा रहती

है। और आप देखते ही हैं, इस मकान में कमरा दो-एक ही है। तीन तल्लों में कुल मिलाकर पाँच-सात ही कोठरियाँ हैं, बाकी बरांडा-ही-बरांडा है।"

चारों ओर नज़र घुमाकर जयनाथ ने उस मकान को देखा।

खयाल में आया–'वह कौन श्रीमान् हैं, इन विधवाओं के प्रति जिनके हृदय में करुणा का यह उद्रेक हुआ है?'

कुश का आसन बिछाते हुए विधवा ने बैठने का इशारा किया और बोली, "लोटा रख दीजिए और धोती दीजिए इधर। सूखते क्या देर लगेगी।"

जयनाथ ने कहा, "बैठने को तो थोड़ा मैं बैठ लेता हूँ, मगर तारा मंदिर में ठीक ग्यारह बजे भोजन की घंटी बजती है।"

आसमान की ओर दृष्टि डालकर वह विधवा बोली, "दस भी न बजे होंगे। तब तक यह गीली धोती क्या आप कंधे पर ही लिए रहेंगे?"

जयनाथ ने कंधे से उठाकर वह गीली धोती उसे थमा दी।

संसार का जयनाथ को जो थोड़ा-बहुत ज्ञान था, तदनुसार यह विधवा उसे उन विधवाओं से विलक्षण मालूम हो रही थी जिन्हें शुभंकरपुर, बड़हड़वा या कहीं और देखा था। चौड़े पाढ़ की सफेद साड़ी वह पहने थी। गले में चाँदी की तीन सिकड़ियाँ झूल रही थीं। भ्रमर-कुंचित-केश और खिला हुआ चेहरा देखकर ऐसा लगता था कि इस जीवन को वह उपेक्षा के योग्य नहीं समझती।

तब तक बरामदे की खूँटियों पर वह धोती डाल आई और कोठरी के अंदर जाकर एक दोने में चार पेड़े लाकर जयनाथ के सामने धर दिए। कहा, "अभी तक आपने पानी नहीं पिया होगा।"

जयनाथ से 'न' कहते नहीं बना। उन्होंने अपने को समझाया–'मिट्टी की ओर सभी खिंचते हैं। मेरी-इसकी कोई जान-पहचान तो थी नहीं। शुभंकरपुर का नाम सुनकर इसे अपनी मातृभूमि परसौनी याद आई। पास-पड़ोस का होना ही इस खिंचाव का कारण है...जयनाथ भी चार महीने से प्रवासी-जीवन बिता रहे थे। एकाएक यों पड़ोस के आदमी से भेंट हो जाना कितना बड़ा सौभाग्य है?'

उन्हें साहस नहीं हो रहा था कि प्रथम परिचय के इन क्षणों में ही नाम, कुल, जीविका आदि पूछकर मालूम कर लें।

पेड़ा खाकर, पानी पीकर वह निवृत्त हुए, तब तक पान के दो बीड़े सामने आ गए। विधवा और मगही पान! जयनाथ की आँखें कपार तक फैल गईं! पान खाकर उन्होंने कहा, "धोती मैं आकर फिर ले जाऊँगा, अभी जाने दीजिए।"

स्त्री ने निषेध-मुद्रा में हाथ उठाकर कहा, "अब आठ बजे रात से पहले मैं नहीं मिलूँगी। एक खत्री के तीन बच्चे हैं। उसकी औरत पिछले साल चल बसी। उन अबोध बच्चों की मैं ही देखभाल करती हूँ।"

मन-ही-मन जयनाथ बोले–तभी तो! अब बात समझ में आई।

"मेरा नाम सुशीला है। धोती आपकी थोड़ी देर बाद पहुँच जाएगी, उसकी चिंता न करें।" विधवा ने कहा।

उस समय तो जयनाथ चले आए, मगर सुशीला उनके हृदय-कमल पर मानो वज्रासन मारकर बैठ गई।

तारा मंदिर में जयनाथ के ननिहाल की एक वृद्धा चावल फटकने का काम करती थी। अवसर पाकर सुशीला के बारे में जयनाथ ने कुछ बातें मालूम कीं। वह सचमुच परसौनी की ही रहनेवाली थी। बाल-विधवा हो जाने के बाद जेठानी और ननद के दुर्व्यवहार से तंग आकर नैहर रहने लगी। वहाँ भाभी से खटपट हुई तो भागकर काशी आ गई। पहले एक घाटिया महाराज के पल्ले पड़ी, और अब उस खत्री दुकानदार के घर की मलिकाइन बनी हुई है। खूब चुगती है, खूब छितराती है। भाई और चाचा आते हैं, तो उन्हें भी काफी दे-दिवाकर विदा करती है।...सुशीला की यह गुण-गाथा सुनकर जयनाथ ने उसके प्रति और भी आकर्षण अनुभव किया। वह तीसरे-चौथे दिन सुशीला के यहाँ पहुँचने लगे। संपर्क बढ़ता गया तो इससे क्या? उस विधवा ने अपने व्यक्तित्व को सदैव जयनाथ की कोरी भावुकताओं से ऊपर रखा। एक दिन, रात को वह उन्हें सिनेमा दिखाने ले गई। भागलपुर और इलाहाबाद में जयनाथ सिनेमा पच्चीसों बार देख चुके थे। लेकिन ऐसी अद्‌भुत साथिन तो उन्हें कभी नहीं मिली। एक बार पंचगंगा घाट पर बैठे-बैठे सुशीला ने कहा, "बहता पानी ही धार कहलाता है। देखो, सुबह-शाम हज़ारों आदमी नहाने आते हैं। मगर, तुम जिस जाति में, जिस समाज में पैदा हुए हो, वह ज़िंदा नहीं, मुर्दा धार है, वह छाड़न है। फिर भी मिथिला की उस मिट्टी का मुझे बहुत ही मोह है। उस धनी सज्जन का नाम मैं तुम्हें नहीं बताना चाहती कि जिसका हृदय हम विधवाओं के प्रति करुणामय है। इतना करुणामय कि तीन-तीन विवाहिताएँ और पाँच-पाँच रखैलें रहते हुए भी चूड़ियों से सूनी कलाई की ओर ललचाई निगाह से देखा करता है। ताड़ी पीनेवाले को तुमने अवश्य देखा होगा, मेरा भी वही हाल है। मैं प्रज्वलित अग्नि-कुंड हूँ, जो जितनी ही स्निग्ध समिधाएँ पाता है, उतना ही निर्धूम, उतना ही निठुर होता जाता है।"

जयनाथ समझदार ज़रूर थे, मगर सुशीला की जलन को भलीभाँति समझ सके, इसमें संदेह है। वह जब आवेश में आती तो लगते सिगरेट-पर-सिगरेट फूँकने। एक दिन उसे कीमती चूड़ियाँ पहने देखकर जयनाथ दंग रह गए थे और इस पर क्या कहा था, सुशीला ने? कहा यही था कि मेरे जितने मित्र बनते हैं, उतनी बार मैं चूड़ियाँ पहनती हूँ, और फोड़ती हूँ।

15

पंडित कालीचरण की स्त्री और सन्नो की माँ ने अब चाची से मिलना-जुलना आरंभ कर दिया था। और लोगों का भी रुख बदल रहा था। कर्ज, घाव का निशान और बदनामी—ये तीन ऐसी बातें हैं, जो आहिस्ते-आहिस्ते मिट जाती हैं। चाची के भी कलंक को अब लोग भूलने लगे थे। और शुभंकरपुर जैसे प्रतिष्ठित गाँव में हर छः माह पर किसी-न-किसी ऐसी घटना का हो जाना असंभव नहीं, जो पिछली तमाम दुर्घटनाओं पर पर्दा डाल दे।

जयदेव मिश्र एक ज्योतिषी थे। उन्होंने अपने तीन लड़कों में से दो को अंग्रेज़ी की उच्च शिक्षा दिलवाई थी। बड़ा लड़का हरिदेव एम.ए. में सर्वप्रथम होकर फौरन पटना कॉलेज का प्रोफेसर हो गया था। छोटा भवदेव एम.एस-सी. में सर्वप्रथम होकर फिलहाल अनुसंधान का कोई काम कर रहा था। घरवाले उससे आगे चलकर एस.डी.ओ. और कलेक्टर हो जाने की उम्मीद रखते थे। वह स्वयं विलायत जाकर और भी उच्च शिक्षा प्राप्त करना चाहता था। बड़े की शादी हो चुकी थी और अब इसकी होनेवाली थी।

पच्छिमी बंगाल के दिनाजपुर और मालदह जिले बिहार की पूर्वी सीमा से बहुत दूर नहीं हैं। आज से सैकड़ों वर्ष पहले कुछ मैथिल ब्राह्मण उधर जाकर बस गए। अब भाषा, वेश, शिक्षा, आदि की दृष्टि से वे बिलकुल बंगाली हो गए। औरतों तक ही अपने देश की संस्कृति, सभ्यता और भाषा सीमित रह गई है। रायबहादुर ब्रजबिहारी ठाकुर दिनाजपुर के रहनेवाले थे। पूर्णिया में आप कलेक्टर के ओहदे पर थे। अपनी लड़की के लिए वर का पता लगाते-लगाते उनकी नज़र भवदेव पर पड़ी। बात पक्की हो गई। रायबहादुर ने मान लिया कि वह या तो भवदेव को विलायत में पढ़ने का सारा खर्च देंगे या डिप्टी मजिस्ट्रेट का ओहदा

दिलवा देंगे। पिता का विचार न रहने पर भी भाई तो इस विवाह-वार्ता से सहमत था ही। पूर्णिया में ही भवदेव की शादी हो गई। बस, फिर क्या था? उठा शुभंकरपुर में तूफान! लोगों ने कहना शुरू किया, "बंगाली की लड़की से जयदेव ने अपने लड़के की शादी करा दी। लड़की का बाप क्रिस्तान है और अंडा खाता है। बाल-बच्चों समेत इतवार के दिन गिरजा जाता है।..." इस चर्चा ने इतना तूल पकड़ा कि चाची की कलंक-कथा उसके आगे बिलकुल फीकी पड़ गई। समाजपतियों ने तुलसी, ताम, गंगाजल उठाकर आपस में शपथ खाई—"यदि लड़का शादी करके आया, और बाप ने उसे अपने घर में घुसने दिया, तो जयदेव के यहाँ का अन्न-जल हममें से जो भी ग्रहण करे, वह गो-मांस खाए। तीन बार सविधि उच्चारणपूर्वक यह शपथ ली गई थी, दमयंती के दरवाज़े पर। दमयंती ने भी शपथ ली थी।

चैत का महीना था। एक दिन संध्याकाल पाँच इक्कों ने गाँव में प्रवेश किया और जाते-जाते जयदेव के दरवाज़े पर वे रुक गए। पीछे-पीछे गुलाबी रंग की धोती और आसमानी रंग की कमीज पहने, हैट लगाए, भवदेव साइकिल पर आया। लोगों ने आँख फाड़-फाड़कर देखा। वह आकर सीधे अपने दरवाज़े पर उतरा। तख्तपोश पर बैठे पिता को प्रणाम किया। सामान उतारा जा चुका था। तीन इक्कों पर सूती, ऊनी कपड़ों से भरे ट्रंक लदे थे। दो पर मिठाइयों से भरे खाँचे। उन मिठाइयों की खुशबू से गाँव-भर की हवा भारी-भारी हो रही थी। नथुने बिचका-बिचकाकर बुढ़िया कहने लगीं, "हुआ भ्रष्ट! सारा गाँव इन मिठाइयों को खाकर किरिस्तान हो जाएगा।" सभी परिवार-पति अपने-अपने दालान पर किंकर्त्तव्यविमूढ़ होकर बैठे थे। दो बातें उन्हें परेशान किए हुए थीं। एक यह कि बच्चों पर बराबर तो निगरानी रखी जा नहीं सकती। दिनाजपुर के बंगाली के यहाँ से आई हुई यह मिठाइयाँ अगर बच्चों को गुपचुप खिला दी गईं तो अंदर-ही-अंदर सारा गाँव विधर्मी के संपर्क में आ जाएगा। दूसरी, यह बात उन्हें परेशान कर रही थी कि जयदेव और उसके कुपुत्र भवदेव का अधिक-से-अधिक अपमान किस तरह से किया जा सकता है। इन दोनों बाप-बेटों को चित करने के लिए किस्म-किस्म के दाँव-पेंच सोचे जा रहे थे। बच्चों को धमकाकर कह दिया गया था कि उस दरवाज़े की ओर गए, तो टाँग तोड़ देंगे।

उसी रात को जयदेव ने लोगों को बुलाया कि आकर नवविवाहित भवदेव पर दूब, अक्षत डाल जाएँ। आशीर्वाद दे जाएँ। परंतु, दो को छोड़कर तीसरा नहीं

गया। पचकौड़ी पाठक और घूटर झा, यही दो जने गए थे। आशीर्वाद देने के लिए कम-से-कम पाँच ब्राह्मणों का होना तो अनिवार्य है, परंतु भवदेव का आना निश्चित तिथि से तीन दिन पहले ही हुआ, इस असावधानी से दुश्मनों को खिल्ली उड़ाने का बहुत ही बढ़िया अवसर हाथ लगा। जयदेव टिटियाकर मर गए, अपने लगाकर भी चार से अधिक ब्राह्मणों का जुटना पहाड़ हो गया उस दिन। चौथे सज्जन थे जयदेव के मौसेरे भाई यदुनंदन। वह पाँच-छः दिनों से यहाँ पहुनाई कर रहे थे। मछली के अंडों का बरा बहुत ही स्वादिष्ट होता है। यदुनंदन ने कुछ अधिक खा लिया था। दूसरे दिन रोहू के तले खंडों के साथ घी में भुने चिउड़े का नाश्ता किया था। अगले दिन कटहल की भाजी आवश्यकता से अधिक खा ली थी। नतीजा यह हुआ कि पेट खराब हो गया और अब दही और बेल खाकर शीतोपचार कर रहे थे। इन्हीं कारणों से पहुनाई में तीन दिन के बदले छः दिन हो गए थे।

पचकौड़ी पाठक समूचे गाँव के निर्णय को अमान्य करके भी जयदेव के यहाँ जो आए, वह भी निस्वार्थ नहीं था। पचकौड़ी के लड़के ने इसी साल मैट्रिक किया था और आशा थी कि हरिदेव उसे पटना ले जाकर आगे पढ़ने का कोई रास्ता पकड़ा देंगे। घूटर झा ठहरे पाकशास्त्री। वह जयदेव की बात में इसलिए आ गए थे कि भवदेव का डिप्टी मजिस्ट्रेट और थोड़े ही दिनों बाद एस.डी.ओ. बन जाना बिलकुल निश्चित था। सरकारी अफसर के साथ रहना कम भाग्य की बात नहीं है।

गाँववालों को अपार आनंद हुआ, जब उन्होंने यह सुना कि वर के माथे पर दूब-अक्षत डालने के लिए जयदेव को पाँच भी हाथ न मिले।

तब भी जयदेव ने बड़ी नम्रता दिखलाई। जयनाथ भी गाँव ही में थे। भोला पंडित भी मौजूद थे। दमयंती थी ही। दूसरे टोले में प्रमुख थे जयनारायण झा और रमानाथ मिश्र। जयदेव ने स्वयं जा-जाकर इन पाँचों के पैर पकड़े। गिड़गिड़ाकर कहा, "जिसे आप लोग बंगाली कहते हैं, किरिस्तान कहते हैं, वह प्रवासी मैथिल हैं। कुल और शील सब अच्छा है। चाहें तो पंजीकार[1] से जाँच करवा लें।"

---

1. करणाटवंशी राजा हरिसिंह देव चौदहवीं शताब्दी में मिथिला के तमाम ब्राह्मणों की पंजी (फेहरिस्त) बना गए, तब से लेकर वह प्रथा चली आ रही है। मिथिला के ब्राह्मणों का मुकम्मल रिकार्ड मौजूद है, किसका संबंध किससे पड़ता है, यह पता लगाना वहाँ बहुत आसान है। इन लंबी फेहरिस्तों का जानकार पंजीकार (पजियाड़) कहलाता है।

इस पर सभी ने यही कहा कि भवदेव को प्रायश्चित्त लगेगा। तुम्हारे घर-भर को प्रायश्चित्त करना होगा।

सभी घरों में मिठाइयाँ भेजी गई थीं। मगर यह बायना लोगों ने लौटा दिया। जयनाथ ने लौटाया तो नहीं, परंतु दमयंती के बैल को खिला दिया। दो दिन के बाद भोला पंडित गोल से फूट गए। जयदेव ने उन्हें एक जोड़ा महीन धोती देकर चाँदी के दस रुपए सुँघा दिए थे। अब क्या था? भोला पंडित ने तारा बाबा की कुटिया पर जाकर गरजना शुरू किया, "अरे, मैं तो उस ब्राह्मण की सत्रह पीढ़ियाँ जानता हूँ। ब्रजबिहारी ठाकुर के दादा, परदादा बहुत बड़े तांत्रिक थे। मुर्शिदाबाद के नवाब ने दिनाजपुर जिले के अंदर पाँच हज़ार बीघा लाखिराज ब्रह्मोत्तर उन्हें दिया था। ये लोग तभी से उधर बस गए।...जयदेव के घर और कोई न खाए, मगर...।"

आवेश में आकर भोला पंडित अपनी छाती पर आप ही मुक्कियाँ मार-मारकर कहने लगे, "मैं? यह चला मैं जयदेव के घर खाने। देखूँ, कौन मेरा क्या कर लेता है?"

कहते-कहते वह इतने आवेश में आ गए कि कच्छा खोलकर अपने को अर्धनग्न कर लिया। इसके बाद प्रतिद्वंद्वियों का नाम ले-लेकर बड़ा ही वीभत्स संकेत किया।

जोरों की गरजना सुनकर आसपास के खेतों से कुछ ग्वाले जमा हो गए। उन्हें डर हुआ कि उन्हीं में से किसी की गाय या भैंस पंडित की बगिया में घुसकर कुछ नुकसान कर आई है। जब वे नज़दीक आए, तब तक अविराम गरजन के कारण भोला पंडित का गला बेसुरा हो चुका था; मानो फूटा शंख हो। कच्छा-वच्छा वह ठीक कर चुके थे।

बिरजू अहीर ने झुककर पालागन किया और नम्रता से पूछा, "क्या बात है? किस पर आप इतना गरज रहे थे?"

भोला पंडित ने थके स्वर में कहा, "अरे, जयदेव का लड़का ब्याह करके आया है। जानते हो न?"

"हाँ, सब जानते हैं।" बिरजू बोला।

भोला पंडित खिसियानी सूरत बनाकर बोले, "सारा शुभंकरपुर जयदेव के ऊपर उलट पड़ा है। चाहते हैं लोग यही कि जयदेव सबकी जूतियाँ धो-धोकर पिए।"

थोड़ा-सा विश्राम पाकर भोला पंडित के गले में फिर ताकत आ गई और दायाँ हाथ उठकर चला गया मूँछ पर। मूँछ के विरले बालों को मरोड़ने की निष्फल चेष्टा ने उनके आवेश को द्विगुणित कर दिया। वह तमककर बोले, "अंग्रेज बहादुर का राज है, कोई किसी को चबाकर खा जाएगा, सो नहीं होगा।"

इस पर बिरजू अहीर बोला, "आखिर गाँववाले चाहते क्या हैं?"

"चाहेंगे क्या?" भोला बोले, "जयदेव के दिन फिरेंगे। किसी से भला यह कैसे देखा जाएगा?"

ब्राह्मणों के समाज पर टीका-टिप्पणी करने का अवसर पाकर बिरजू अहीर को सचमुच ही बड़ी खुशी हुई। वह बोला, "जब ऐसी बात थी, तब क्या जयदेव बाबू ने सबसे राय नहीं ले ली? और समाज को भी अब सोचना पड़ेगा कि इस जमाने में किसी को एकघरा बनाकर छोड़ा नहीं जा सकता। हज्जाम अगर बाल नहीं बनावेगा तो क्या? इस्टेसन पर दिन की गाड़ी के वक्त दस-दस हज्जाम दाढ़ी-बाल बनाने को तैयार बैठे रहते हैं। जाति-पाँति नहीं किसी की पूछ है। अब बताओ महाराज, जिसका हज्जाम तुम बंद कर दोगे, तो जाकर इस्टेसन से बाल न बनवा आएगा?"

भोला ने कहा, "बिरजू, अब इस गाँव में पंडित तो कोई रहा नहीं, खाली गधे भरे पड़े हैं। उनकी समझ में यह बात नहीं आती।"

अभी तक तारा बाबा कुटिया में बैठे जप कर रहे थे। जप खत्म हो गया। वह बाहर निकले। देखा, भोला पंडित बिना नाथे बैलों को हाँके जा रहे हैं। गाँव का कोई भी रहस्य बाबा से छिपा नहीं था। गाँववालों पर कभी बाबा ने अपना निर्णय थोपने की कोशिश नहीं की। फिर भी बाबा के लिए सभी के हृदय में श्रद्धा थी। उनके पास जयनाथ जैसे कामचोर, जिद्दी और रगड़ी आते थे और भोला पंडित जैसे लोलुप, अवसरवादी और काइयाँ भी आते थे। कभी-कभी जयदेव भी आते थे।

बाबा को सामने खड़े देखकर भोला पंडित और बिरजू अहीर, जो बैठ चुके थे, खड़े हो गए। बाबा ने हाथ से इशारा किया–"बैठो।"

एक बार और अंदर जाकर फिर वह बाहर आए तो हाथ में एक बड़ा-सा बेल था। उसे भोला की ओर बढ़ाते हुए बाबा ने कहा, "बागो जगदंबा की पूजा के लिए अड़हुल के लाल फूल मुझे दे जाया करती है। यह बेल ले जाओ, उसको दे देना।"

भोला पंडित का गर्जन सुनकर दो-चार ग्वाले जो और आए थे, वे गरजने की वजह जानकर वापस चले गए थे। बिरजू ही था, जो नज़दीक आकर बैठा था। तारा बाबा की यह कुटिया गाँववालों की साँझी संपत्ति थी। सुखी, धनी-गरीब, बाभन-राड़[1], पठित-अपठित, सभी आते थे समय पाकर। बाबा भी गाँव-भर में सबके यहाँ जाने को तैयार रहते। इधर बुढ़ापे के कारण वह कुटिया से बाहर निकलते कम थे। कल जयदेव के यहाँ से दही, केले, मिठाइयाँ आई थीं। भगवती को भोग लगाकर और थोड़ा-सा अपने लिए रखकर, बाकी बाबा ने बच्चों में बँटवा दिया।

भोला पंडित को अपने पक्ष में पाकर जयदेव निश्चिंत हो गए कि यह बुड्ढा खुद ही कई को खींच लाएगा।

और हुआ भी ऐसा ही।

1. छोटी जाति के लोग।

16

शुभंकरपुर की कुल उपजाऊ ज़मीन का रकबा तीन सौ बीघा था। ढाई सौ बीघा धान के खेत थे। पचास बीघा रबी और भदई के। इसके अलावा आमों के बाग, बाँसों के जंगल, तालाब, गोचर आदि के लिए पचास बीघा और पड़ते थे। ढाई सौ परिवारों की आबादी, खानेवाले मुँह ग्यारह सौ। साफ है कि गरीब ही अधिक थे। यह गरीब भी दो श्रेणी में बँटे थे। बाभन और गैर-बाभन। ब्राह्मणों में विद्या का खूब प्रचार था। पढ़े-लिखे लोग शहरों में फैले थे। चिट्ठियाँ और मनीऑर्डर उन्हीं की बदौलत गाँव में खूब आते। सौ घर ब्राह्मण थे; मुश्किल से पंद्रह घर ऐसे होंगे, जिनकी शुमार महादरिद्रों में होती थी। बाकी लोग खेती के अभाव में भी भरपेट खानेवालों में से थे। गाँव के नज़दीक ही हाट लगता था, सोमवार और गुरुवार को। धान, चावल, दाल, तेलहन, मड़ुआ, मकई, साग-भाजी, मछली, पान, मोटिया गमछा और चादरें–हाट के रोज शुभंकरपुर के लोग यह चीज़ें जाकर खरीद लाते थे।

इस गाँव के ब्राह्मणों का खिला चेहरा देखकर बाहरवाले सोचते–बड़े सुखी होंगे ये लोग। काफी खेत होंगे इन लोगों के पास। मगर, असलियत यह थी कि लूट लाओ, कूट खाओ। ये लोग जवार में जब भोज खाने जाते, तो इनका साफ-सुथरा पहनावा, विनीत और भद्र वेश देखकर दूसरे गाँववालों को भ्रम होता कि ज़मींदार घराने के होंगे।

इस मौजे के मालिक रायबहादुर दुर्गानंदनसिंह बड़े ज़मींदार तो थे ही, साथ ही लहना-तगादा का भारी कारोबार भी चलाते थे। आसपास की पाँच कोस ज़मीन पर उनकी छत्रछाया थी। तीन लाख रुपए पचीसों बस्तियों के इस समुद्र में दाँत निपोड़े, पूँछ कड़ी किए मगरों की भाँति टहल-बूल रहे थे। ब्याज का दर प्रतिमास

डेढ़ रुपए सैकड़ा था। राजाबहादुर पुराने अँगूठे को साल-साल नया करवाते जाते। सूद भी मूर बनता जाता। चक्रवृद्धि का यह क्रम राजाबहादुर की शरीर-वृद्धि के लिए रसायन का काम कर रहा था। कहते हैं, हवेली में नगद रुपए रखने के लिए उन्हें चहबच्चा बनाना पड़ा था। माँ के श्राद्ध में समूचे भारत के उन पंडितों की आपने सभा बुलवाई थी, जो महामहोपाध्याय की उपाधि से विभूषित थे। प्रत्येक पंडित को दुशाला और एक सौ एक रुपए की विदाई दी गई थी। आने-जाने का सेकेंड क्लास का खर्च। सात दिनों तक पंडितों का शास्त्रार्थ चला था। मैथिल पंडितों को अपनी भूमि पर अपने पांडित्य-प्रदर्शन का जो सुयोग मिला, वह अभूतपूर्व था। बाहर के पंडित विदा होते समय राजाबहादुर को 'धर्म-दिवाकर' की गौरवपूर्ण उपाधि से सुशोभित करते गए। जवार के पचासों गाँव निमंत्रित किए गए थे। उन्हें पूड़ी-तरकारी से नहीं, खाजा, मुँगवा (बुँदवा), घेवर, बर्फी, पेड़ा, बालूशाही, रसगुल्ला, गुलाबजामुन, जलेबी वगैरह अठारह किस्म की मिठाइयों से परितृप्त कर दिया गया। हाथी के कान जैसा बड़ा-बड़ा खाजा, फुटबाल-जैसा मुँगवा था। दरअसल ये चीज़ें खाने की नहीं, तमाशे की थीं। सबके आगे बड़े पत्तलों में मिठाइयों का ढेर लगा था। जूठन की उन मिठाइयों को जवार के शूद्रों ने कई दिन तक खाया था और आज भी उल्लसित होकर वे राजाबहादुर का गुणगान कर रहे हैं। ब्राह्मणों को भर-भर अँजुरी बंबइया सुपारी दी गई थी। महापात्र को हाथी मिला था।

अपने वैभव के इस विराट् प्रदर्शन से राजाबहादुर को इतना आत्मसंतोष हुआ कि खाने-पीने में अरुचि हो गई। कोई भी चीज़ चित्त पर चढ़ती ही न थी। एकमात्र कन्या थी। धूमधाम से उसकी शादी वह पहले ही कर चुके थे। स्टेट का सारा भार घर-जमाई के कंधों पर डालकर राजाबहादुर तीर्थयात्रा के लिए निकलने ही वाले थे कि सन् 37 का वह कांग्रेसी जमाना आ धमका।

बार-बार आगा-पीछा सोचकर कांग्रेस ने जब प्रांतों के शासन में हाथ बँटाना स्वीकार कर लिया तो जनता ने युग की ओर नई आशा से देखा। मिनिस्टरी कबूल कर लेने पर नेताओं का उत्तरदायित्व बेहद बढ़ गया। चुनाव के समय उन्होंने जनता से बड़े-बड़े वादे किए थे।

ज़मींदार चुनाव में हारकर अपने अंधकारमय भविष्य की कल्पना करते हुए कछुए की भाँति दुबके पड़े थे। अंदर-ही-अंदर कुछ सोचकर अपने पैंतरे बदल डालने का उन्होंने निश्चय किया। परंपरा की दुहाई देकर कांग्रेसी मंत्रियों को

उन्होंने धमकी दी–"आपका खादी का कुर्ता पहले हम अपने खून से तर कर देंगे, उसके बाद जाकर ज़मींदारी-प्रथा उठा दीजिएगा।"

मंत्रियों ने अपनी पीठ कर दी किसानों की ओर, मुँह कर दिया ज़मींदारों की ओर। दुनिया-भर में बदनामी फैल गई कि बिहार की कांग्रेस पर ज़मींदारों का असर है। जवाहरलाल तक ने खुल्लमखुल्ला यह बात कही।

किसान संगठित होने लगे। उनका नारा था–"कमानेवाला खाएगा, इसके चलते जो कुछ हो।" संगठन की यह हवा राजाबहादुर की भी ज़मींदारी में पहुँची। उनकी सूदखोरी और ज़मींदारशाही से सारा इलाका तंग आ गया था।

हज़ारों बीघा ज़मीन वह किसानों को मनखप (कूत, मनहुंडा) दिए हुए थे। चार मन फी बीघा से लेकर पंद्रह मन फी बीघा तक रेट था। शुभंकरपुर के ग्वाले सत्तर-अस्सी बीघा खेत मनखप पर जोतते थे। अब वे लोग भी सुरफुराए। गाँव में से ही दो-तीन लीडर निकल आए। बलुआहा पोखर के भिंडे पर किसान-कुटी बन गई। घर-घर से मुठिया वसूल होने लगा। किसान-कुटी के लिए किसी ने लोटा दिया, किसी ने थाली दी। कुम्हार ने घड़े दिए, तौला दिया, कड़ाही दी। उमानाथ की माँ ने अपना दो साल का पुराना कंबल दे दिया। उसके पास दूसरा कंबल नहीं था। रतिनाथ ने मना किया तो बोली, "यह दस का काम है। देश का काम है। गरीबों का यज्ञ है। मेरे पास और है ही क्या, जो दूँगी।"

ब्राह्मणों में इस बात को लेकर दो दल हो गए। एक दल ज़मींदारों की ओर था, दूसरा किसानों की ओर। जो लोग ज़मींदारों की ओर थे, वे खूब नफा में रहे। आंदोलन की बातें इस तरह बढ़ा-चढ़ाकर राजाबहादुर के कानों में डाली गईं कि वह बदहवास हो गए। बढ़िया-से-बढ़िया धनहर खेत सौ या पचास रुपए फी बीघा लुटाने लगे। 'आग लगन्ते झोपड़ी जो आवे सो हाथ।' किसान बित्ता-भर भी ज़मीन छोड़ने को तैयार नहीं थे। उनमें गजब का जोश था। उनके लीडर दरभंगा और पटना तक दौड़ लगा रहे थे। इस संघर्ष की ज़रा-ज़रा-सी बात भी 'जनता' में विस्तारपूर्वक छपती थी। सभा, जुलूस, दफा एक सौ चवालीस, गिरफ्तारी, सज़ा, जेल, भूख-हड़ताल, रिहाई–यह सिलसिला किसानों को ठंडा नहीं कर सका। जयदेव, ज्योतिष पढ़-लिखकर घर बैठ गए और अब तीन-तीन लायक बेटों का भाग्यवान् बाप बनकर बुढ़ापे के दरवाज़े पर खड़े थे! शायद ही कोई कुकर्म उनसे छूटा हो। तरुणी विधवाओं को प्रेमपाश में फँसाकर फिर उनकी जायदाद अपने नाम लिखवा लेना और चूसे आम की गुठली की भाँति फिर उन्हें फेंक देना; दो

खेतवालों में सिमान का झगड़ा खड़ा करके मुकदमों में बझा देना और उनमें से एक को खदुका बनाकर लील जाना, सस्ते दामों में अँगूठे (हैंडनोट) खरीदकर पीछे ज्यादा-से-ज्यादा रकम चढ़ाकर उन्हें अदालत में पेश कर देना; अपने घर में आप ही सेंध डलवाकर पड़ोसी को गिरफ्तार करवा देना—इसी रास्ते से चलकर जयदेव उस मंजिल तक पहुँचे थे, जहाँ कि चोरों का सरदार और थाने का दरोगा समान श्रद्धा-भक्ति से स्वागत पाता है। किसान-आंदोलन से सर्वाधिक लाभ इन्हीं महाशय को पहुँचा, क्योंकि राजाबहादुर ने दबंग समझकर मनखपवाले दस बीघा खेत जयदेव को लिख दिए, सिर्फ छः सौ रुपए लेकर। मालूम होने पर किसान गुस्से के मारे पागल हो गए, मगर अंदर के घूसखोर और ऊपर के पुरजोर कुछ किसान-सेवकों ने उल्टा-सीधा समझाकर उन्हें शांत कर दिया। जिला-किसान सभा के एक प्रमुख नेता रमापति झा परसौनी के रहनेवाले थे, तीन साल तक एड़ी-चोटी का पसीना एक करके उन्होंने राजाबहादुर के रैयतों को जगाया था। और अब उनके भी मुँह से लार टपकने लगी। चौदह बीघा ज़मीन मिली, बारह सौ का कर्जा माफ हो गया। शुभंकरपुर के तीन तरुण ब्राह्मण छोटी जातिवाले किसानों का अगुआ बनकर उठे थे। दो-दो बीघा खेत देकर राजाबहादुर ने उनके भी मुँहों में दही लगा दिया। इतने पर भी किसान डटे रहे। पड़ोस के एक दूसरे छोटे ज़मींदार ने राजाबहादुर के शुभंकरपुरवाले सारे खेत लिखा लिए। किसानों के संघर्ष को अवसरवादी नेता चौपट कर चुके थे। मुकदमा लड़ते-लड़ते उन बेचारों का बुरा हाल था। ऐसी स्थिति में पंडित कालीचरण के नौजवान लड़के ताराचरण ने बीच-बचाव करके नए ज़मींदार से यह मनवा लिया कि खेत किसानों की ही जोत में रहेंगे। फी बीघा ग्यारह मन के हिसाब से अनाज इसके एवज में उसे साल-साल मिलता रहेगा। हारती बाजी के समय का यह मामूली नेतृत्व किसानों की दृष्टि में ताराचरण को आगे ले आया।

किसानों के उस संघर्ष का जब इस प्रकार उपसंहार हो रहा था, तब दो साल पूरे हो चुके थे और यूरोप हिटलर के चंगुल में था। कांग्रेसी मंत्रिमंडल इस्तीफा देकर विश्राम कर रहा था। विश्राम तो क्या कर रहा था, आगामी महासंघर्ष की चर्चा में जोरों से लग गया था।

17

जयकिशोर की बदली मोतिहारी जिला स्कूल में हो गई थी। एक ही भेंट ने रतिनाथ के प्रति उनके हृदय में ममता पैदा कर दी थी। इस बार प्रथमा परीक्षा पास कर चुकने पर रत्ती ने उन्हें पत्र लिखा और साथ रहने की अपनी इच्छा प्रकट की। जवाब में जयकिशोर ने लिखा—"तीन जून से हमारा स्कूल बंद हो रहा है। तेरह जुलाई को खुलेगा। पाँच-सात दिन पहले ही तुम तरकुलवा आ जाना। साथ ही मोतिहारी आ जाएँगे।"

रत्ती ने चाची को मामा का पत्र दिखाया तो वह गंभीर हो गई। चर्खा चला रही थी। खतम हो रही पूनी के छोर पर नई पूनी रखते हुए एक बार उसने रत्ती के मुँह की ओर देख लिया। चर्खा ज्यों-का-त्यों चल रहा था। ज़रा देर बाद अपनी दृष्टि को तकुए पर सीमित किए हुए ही चाची बोली, "मुझे क्या, अकेली भी रह लूँगी। परंतु मेरे भैया के साथ रहकर तुम अपने बाप को न भूल जाना।"

रतिनाथ ने कहा कुछ नहीं; सिर्फ गौर से चाची की ओर देखा। वह बोली, "समझती हूँ, बाप के प्रति तुम्हारे हृदय में माया-ममता बहुत ही कम है। परंतु, सद्‌गति तो उनकी तुम्हारे ही तर्पण से होगी। संसार उन्हें खिला सकता है, पिला सकता है, जिला सकता है, पर मरने के बाद वह उन्हें प्रेत होने से नहीं बचा सकता। यह तुम्हीं कर सकते हो।"

रत्ती बकर-बकर सुन रहा था। उसे माँ याद आ रही थी। साथ ही पिता का वह कसाईपन और कुल्हाड़ी से गला काटने की चेष्टा का वह दृश्य भी याद आ रहा था...।

चिंतना की गहरी छाप रत्ती के चेहरे पर देखकर चाची ने बातचीत का

सिलसिला बदल दिया। बोली, "अरे! हाँ, अब मेरा सूत खादी भंडार कौन ले जाएगा?"

रत्ती थोड़ी देर चुप रहा, फिर बोला, "मधुबनी जानेवालों की भी क्या कमी है? जिससे कहोगी, तुम्हारे सूत के लच्छे पहुँचा देगा।"

अपने बारीक सूत पर निगाह टिकाकर चाची बातचीत कर रही थी। उसने कहा, "क्या-क्या ले जाओगे?"

"लोटा, धोती और किताब।"

चाची ने मुस्कुराकर कहा, "और मुझे क्या इसी जंगल में छोड़ जाओगे?"

अब रत्ती का मुँह खुला, "सुनता हूँ, पुराने जमाने में तापसियाँ वनवासिनी होती थीं। कम-से-कम खाना-पीना, कम सोना। व्रत और उपवास। भक्ति और भजन। अतिथियों की सेवा। सबके प्रति ममता का भाव। यही उनकी जीवन-चर्या थी। और चाची, तुम भी बहुत बदल गई हो। दिन-रात चर्खा चलाकर अपने लायक पैसा कमा लेती हो। तीस दिन में दस दिन तो तुम्हारा उपवास में चला जाता है। शरीर सूखकर काँटा हो गया है। गाँव में भूला-भटका कोई आ जाता है तो लोग उसे इस टोले में भेज देते हैं कि उमानाथ की माँ दो मुट्ठी भात और कलछी-भर दाल आगंतुक को खिला ही देंगी। बारहखड़ी मुझसे सीखकर, अब तुम रामायण बाँचने लग गई हो। ऐसा लगता है कि दिन-से-दिन तुम देवता होती चली जा रही हो।"

जिस हाथ से चाची चर्खा चला रही थी, उसी हाथ से रत्ती के गाल पर हल्की चपत लगाकर बोली, "दुत् पगला!" और हाथ फिर चर्खा चलाने लगा। बाएँ हाथ में तो पूनी थी ही।

इतने में रत्ती को पुकारता हुआ सत्तो आ गया। उसके साथ रत्ती बाहर चला गया।

चाची का जीवन सचमुच ही इधर एक विशेष प्रकार का हो गया था। रत्ती ने अभी जो कहा, उसमें थोड़ी भी अत्युक्ति नहीं थी। तीसरे साल जब वह तरकुलवा से आई, तभी से चर्खा चला रही है। पच्चीस-तीस रुपए हर महीने इससे निकल आते हैं। सूत बेहद बारीक कातती है। चर्खा-संघवाले भी कम चालाक नहीं होते। चाची जैसी कत्तिनों के सूत को कभी तो एक सौ दस नंबर का करार देते हैं और कभी साठ। तरीका चर्खा-संघवालों का यह है कि पहले कुछ दिनों तक महीन सूत कातनेवाली के प्रति कुछ इंसाफ का अभिनय किया, सूतों के माकूल

नंबर दिए। बाद में धीरे-धीरे नंबर घटाते गए। झख मारकर कत्तिनों को यह सब बर्दाश्त करना पड़ता है, तभी तो चाची जैसी कत्तिनें अखिल भारतीय सूत-प्रतियोगिता में सर्वप्रथम पदक पाने पर भी इतनी कम मजदूरी पाती हैं।

चाची की समझ में यह नहीं आ रहा था कि गाँधीजी के चेले इस प्रकार की बेईमानी क्यों करते हैं? फिर भी चर्खा चलाते रहने से चाची को बहुत लाभ पहुँचा है। आर्थिक समस्या हल हो गई। मन नियंत्रित हो गया। दुर्भावनाओं से छुटकारा मिला। इधर वह जयनाथ की भी ओर से तटस्थ थी। आजकल वह अधिकतर गाँव में ही रहते हैं। बचे-खुचे खेत बेचकर महाजन बनने की धुन में कजरौटा और सादा काग़ज़ लिये बैठे रहते हैं। बादाम और खीरे के बीज डालकर तैयार की गई दूधिया भाँग आप उन्हें पिला दीजिए और पचास-पचहत्तर ले लीजिए, अँगूठा का निशान भले ही दो दिन बाद बना दीजिएगा। दादा, परदादा के जमाने के खेत बेचने का विचार रत्ती को असह्य लगा था; परंतु चौदह साल का लड़का कर ही क्या सकता था?

एक विधवा तेलिन इन दिनों जयनाथ की प्राणवल्लभा बनी थी। चाची ने समझाया, "शादी कर लो बाबू, एक भले आदमी की ज़िंदगी बिताओ। सेंध लगाने की फिराक में भीतों की ओर घूरते रहनेवाला चोर क्या खाक चैन से रहेगा?"

अपनी भूतपूर्व प्रेयसी की ये बातें जयनाथ को गुड़िच-सी कड़वी लगीं। उनकी सिर्फ एक ही दलील थी कि संसार मुझे क्या कहेगा? लड़का सयाना हो रहा है, शादी तो उसकी न होनी चाहिए?

इस पर चाची का कहना था कि लड़के के खा-पी लेने पर क्या तुम्हारी भी भूख-प्यास मिट जाती है? उमानाथ की उसी माँ के मुँह से यह बात सुनकर जयनाथ देवरोचित परिहास कर बैठते, "और, तुमने क्या अमृत पी लिया है?"

चाची का चेहरा दीप्त हो उठता। क्षुद्र पुरुष के इस धृष्ट परिहास का मुँहतोड़ उत्तर देना अत्यंत आवश्यक समझकर वह बोल पड़ती, "किसी भी युग में स्त्री को अमृत पीने का सुयोग नहीं मिला। पुरुष को अमृत पिलाकर स्वयं वह विषपान ही करती आई है...जाने दो, तुम यह सब क्या समझोगे!"

पिछले साल इन्हीं महाशय ने उमानाथ की माँ को क्या कम परेशान किया है! दिन में तो नहीं, परंतु रात को सोना चाची के लिए हराम हो गया था। वह रत्ती को बराबर अपने नज़दीक सुलाती, फिर भी जयनाथ नहीं मानते।

खा-पी चुकने पर कहानियाँ सुनते या गप करते जब रत्ती सो जाता तो किसी-न-किसी बहाने जयनाथ चाची के पास आ बैठते। वह बेचारी भी सँभलकर उठ बैठती। उसका रोम-रोम जागरूक प्रहरी बन जाता। जयनाथ का हाथ बहकता तो चाची उसे पकड़कर आहिस्ते से हटा देती। वासना के उद्रेक से जयनाथ की जीभ लड़खड़ाने लगती तो वह फुर्ती से उठकर बीच आँगन में आ जाती। ऊपर नीले आकाश में, नक्षत्रों का मृदु मधुर आलोक उस समय चाची को आकर्षित नहीं करता। उसका सारा ध्यान रुग्ण हृदयवाले अभागे जयनाथ पर केंद्रित रहता।

मन्मथ का यह नृत्य देर तक देखते रहना उसे जयनाथ के प्रति अन्याय प्रतीत होता। वह दौड़कर पीढ़ा ले आती और उस पर जयनाथ को बैठा देती। कुएँ का ठंडा पानी घड़े में मौजूद रहता ही। चाची फुर्ती से घड़ा उठा लाती और जयनाथ के माथे पर धीरे-धीरे ठंडा पानी डालने लगती। आपत्ति करने पर कहती, 'नहीं, धो लो। फिर देखा जाएगा।' परंतु, पंद्रह मिनट तक शीतल जल के इस अभिषेक से जयनाथ स्वस्थ हो जाते। चाची धोती लाकर पहना देती। 'चलो, सो रहो।' जयनाथ का हाथ पकड़े चाची उन्हें बिस्तरे पर लिटा आती। जब वह लेट जाते तो तेल और पानी मिलाकर तलवे रगड़ने लगती। इस तरह उन्हें सुलाकर तब रत्ती के पास आती और सो रहती।

इसी प्रकार वह अपने को जयनाथ से बचाती रही है। तैंतीस साल के इस विधुर देवर के प्रति उसका वही भाव रहता है, जोकि एक समझदार माँ का अपने बीमार बालक के प्रति। वह उन्हें घृणा की दृष्टि से नहीं देखती थी। खेत भी जयनाथ ने अपने मन से बेचा था। उससे पूछते तो ज़रूर मना करती। रत्ती के संबंध में चाची उतनी चिंतित नहीं रहती थी, जितनी कि जयनाथ के संबंध में। उस तेलिन से जयनाथ का संपर्क जो इधर स्थापित हो गया, उसका पता चाची को कई महीने बाद ही लग सका। यह समझकर कि यों भी भला गाँव में इनका मन लगा रहे, उसने इस बारे में जयनाथ से कभी कुछ कहा नहीं।

अब चाची आत्मलीन रहने लगी थी। इसीलिए रत्ती का मोतिहारी जाना उसने इतनी आसानी से मंजूर कर लिया।

मर्दों में से एक ही था कि जिससे इन दिनों चाची की घनिष्ठता थी। वह था ताराचरण। किसान-आंदोलन के आरंभ में ही उसे अख़बार पढ़ने की चाट लगी और अब वह दैनिक 'आज' का नियमित ग्राहक एवं समझदार पाठक हो गया

था। किसान-सभा के नाम पर चाची ने कई बार थोड़ा-थोड़ा करके चंदा दिया था। गरीबों के स्वराज और धनिकों के स्वराज में आकाश-पाताल का अंतर है, यह बात चाची के हृदय में ताराचरण ने भलीभाँति बैठा दी थी। ताराचरण दूसरे-तीसरे दिन पर आकर चाची को देश और दुनिया के हाल बताया करता। पर्व-त्योहार के दिन वह न्योता देकर उसे ही खिलाया करती।

18

उमानाथ भागलपुर से कलकत्ता चला गया था। खूब मन लगाकर पढ़ने पर भी भागलपुर में जब वह प्रथमा पास नहीं कर सका, तो विशाल और कोलाहलपूर्ण कर्म-क्षेत्र में अपना उचित स्थान प्राप्त करने की नीयत से कालीजी की छत्रछाया में उसने प्रवेश किया। थोड़े दिनों तक इधर-उधर धक्के खा लेने के बाद पान की एक दुकान पर कसैली काटने का काम पा गया। दस घंटा काम। पंद्रह रुपए की माहवारी। शुभंकरपुर के वैदिक अच्युतानंद दिन-भर घास की तरह पान कचरते रहते। हरीसन रोड और अपर चितपुर रोड का जहाँ क्रॉस हुआ है, उसी नुक्कड़ पर पान की वह दुकान थी जहाँ से वैदिकजी पान लिया करते। इस दुकान के तंबोली लोग दरभंगे के ही रहनेवाले थे। कलकत्ते में लाखों बिहारी हैं। उत्तर प्रदेश के पूर्वी जिलों के भी हज़ारों होंगे। उन्हें बँगला पान नहीं सुहाता; मगही और देशी पान ही उन्हें रुचते हैं। इसीलिए उधर के सैकड़ों तमोली कलकत्ते में पान की दुकान करते हैं। वह चलती भी खूब है। उस नुक्कड़वाली दुकान के मालिक ने वैदिकजी से पुराने नौकर के भाग जाने का ज़िक्र किया तो अगले दिन ही वह उमानाथ को भर्ती करा गए। हाँ, कमीशन के तौर पर पहले मास के वेतन में से पाँच रुपया देने की बात उन्होंने उमानाथ से मनवा ली थी। इन बातों को वैदिकजी वेद-पाठ के अंदर ही समझते थे। नए आगंतुकों की पहली कमाई में से इस तरह कुछ-न-कुछ ले लेना अच्युतानंदजी की अच्युत नीति थी।

उमानाथ दसों घंटे अविराम गति से सरौता चलाता हो, ऐसी बात नहीं थी। पान की दुकानों का तरीका यह है कि सुपारी के छोटे-छोटे टुकड़े करके आज शाम को उसे पानी में डाल देंगे और कल सुबह दुकान खोलने पर उसे छाँक लेंगे या थोड़ा-थोड़ा करके ज़रूरत के मुताबिक दिन-भर छाँकते रहेंगे। उमानाथ को

दिन-भर के लायक सुपारी काटने में छः घंटे लगते थे। उसके बाद मौज थी। लेकिन दुकान पर मौजूद रहना लाजिमी था। कुल मिलाकर वहाँ चार छोकरे थे। मालिक स्वयं शाम को आकर डेढ़ घंटा, दो घंटा बैठा करता। सारा काम नौकर ही करते। उनमें से एक का काम था, पीतलमढ़ी चौकी को, कत्थे की फुलही गड़वी को, जर्मन सिल्वर की दो मझोली बाल्टियों को, पान कतरनेवाली छुरियों को माँज-मूँजकर झकाझक रखना। एक का काम था सुपारी काटना, कत्था फुलाना, स्टॉक से लेकर छोटे डिब्बों में ज़र्दा, मसाला, इलायची भर देना। दो का काम था पीतलमढ़ी, उस चौकी के दोनों ओर बैठकर फुर्ती से ग्राहकों को पान लगा-लगा देते जाना।

चारों नौकर हमउम्र थे। अपना देहाती दायरा छोड़कर वह बाहर आ गए थे। कलकत्ते की हवा उन्हें लग रही थी। आपस में अनबन का कोई कारण नहीं था। इसीलिए किसी व्यक्तिगत काम के लिए उनमें से एक भी अपनी ड्यूटी छोड़कर कहीं जाता तो बाकी तीनों उसका काम सम्हाल लेते। उमानाथ चार महीने उस दुकान पर रहा। छोड़ते समय वह बीस पा रहा था। लड़ाई छिड़ जाने पर भी खाने-पीने की चीज़ें अभी सस्ती थीं। मंदिर स्ट्रीट के एक मकान में डेरा था। पाँच-छः जने थे, मिल-जुलकर रसोई कर लेते। खाने का खर्च छह से अधिक नहीं पड़ता। साबुन, तेल, हजामत वगैरह के लिए दो रुपए काफी थे। बारह रुपया प्रतिमास बचाए जाने पर उमानाथ को किसी प्रकार की दिक्कत महसूस नहीं होती। माँ को खत या रुपया वह कुछ नहीं भेजता। उन्नीस वर्ष का हो रहा था, जाने किसने उसके दिल में यह बात बैठा दी थी कि चार-पाँच सौ रुपया जमा नहीं करोगे, तो शादी नहीं होगी। बचे हुए रुपए वह डाकखाने में जमा करने लगा।

उसके मेस में खानेवाले सभी प्रायः दरभंगा जिले के ही थे। सब-के-सब ट्रॉम कंपनी के मुलाजिम थे। दो ड्राइवर, तीन कंडक्टर। उन्हीं लोगों की बदौलत उमानाथ को ट्रॉम कंपनी में ड्राइवर का काम मिल गया। ऊपर बिजली के तार का सहारा लेकर नीचे सड़क से सटी पटरियों पर दौड़नेवाली यह छोटी-छोटी गाड़ियाँ कलकत्ता के नागरिक जीवन में अपना एक विशिष्ट स्थान रखती हैं। ट्रॉम गाड़ी बिजली के चार-चार, पाँच-पाँच खंभों की दूरी के फासले पर खड़ी होती जाती हैं। एक ओर से आप चढ़िए, दूसरी तरफ से उतर जाइएगा। कंडक्टर आकर टिकट के लिए पूछेगा। इकन्नी का टिकट ले लीजिएगा, चार-चार मील चले जाइए। सबसे सस्ती सुविधाजनक सवारी है यह!

पाँच-छः दिन में ही उमानाथ ने ड्राइव करना सीख लिया। ट्रॉम के ड्राइवर को मोटर के ड्राइवर की तरह लंबी ट्रेनिंग नहीं दी जाती। रोकना, चालू करना, दाएँ-बाएँ मोड़ना, पीछे खिसकना, और राहगीरों की भीड़-भाड़ में से गाड़ी को बचाकर ले जाना—यही सब उसे सिखलाया जाता है। दस-पंद्रह दिन पुराने ड्राइवर के पास खड़ा रहकर उसे गाड़ी चलाने दी जाती है। बाद में धोखाधड़ी मिट जाने पर वह अकेले ही गाड़ी चलाने लगता है। ट्रॉम में इंजन तो होता नहीं, होती है बिजली। छोटी लाइन की रेलगाड़ी के डिब्बों से भी छोटे-छोटे डिब्बे होते हैं। दो डिब्बों की एक गाड़ी बनती है। अगले डिब्बे के सिरे से संबंधित एक बड़ा-सा डंडा ऊपर की ओर उठा रहता है। उसका ऊपरी छोर सड़क के बीचोबीच फैले चले गए तार को छूता रहता है। ड्राइवर के स्विच दबाते ही ऊपरी तार से संपर्कित डंडा सर-सर-सर-सर सरकने लगता है और गाड़ी चल पड़ती है। गाड़ी को रोकना होता है तो स्विच को ऊपर कर देते हैं। इसी तरह चलाने, ठहराने, मोड़ने, तेज करने वगैरह की स्विचें ड्राइवर के सामने होती हैं। ट्रॉम का फुर्ती से सरकने लगना, फुर्ती से खड़ा हो जाना और फिर चल पड़ना, अनभ्यस्त और अपरिचित लोगों को अजीब-सा लगता है। चढ़ते-उतरते समय दस-पाँच दिनों तक उनके पैर लड़खड़ाते हैं।

बत्तीस रुपए पर उमानाथ बहाल हुआ। फिर भी अपना खर्चा उसने नहीं बढ़ाया। उसके पिता कुछ ज़मीन गिरवी रख गए थे। पचहत्तर रुपए में पंद्रह कट्ठा ज़मीन फँसी थी। बेचने पर आजकल छः सौ रुपए मिलते। उमानाथ ने भोला पंडित के नाम छिहत्तर रुपया आठ आना मनीऑर्डर भेजा। समूचा गाँव दंग रह गया। किसी ने कहा, ''यह है बाप का बेटा।'' किसी ने कहा, ''उमानाथ की माँ के दिन फिर गए।'' भोला पंडित इसीलिए फूलकर कुप्पा हो गए कि मनीऑर्डर जयनाथ के नाम से न आकर उनके नाम आया। लंबी साँस खींचकर जयनाथ ने कहा, ''बाबा विश्वनाथ मेरे भतीजे पर इसी प्रकार दया-दृष्टि रखें।'' रत्ती को बड़ी खुशी हुई। चाची ने सुना तो उसकी आँखों में आँसू छलक आए।

पति के देहांत के बाद न जाने कितनी मुसीबतें झेलकर चाची ने अपने लड़के को पाला-पोसा, बड़ा किया था। आज उमानाथ इस योग्य हुआ है कि बाप के फँसाए खेत को छुड़ा रहा है। ज़मीन के इस उद्धार को चाची ने भगीरथ द्वारा उद्धृत तथा अवतरित गंगा से कम महत्त्व नहीं दिया। अगले ही दिन उसने रत्ती से खत लिखवाया—

रतिनाथ की चाची

स्वस्ति सकल मंगलाऽलय चिरंजीवी श्री बबुआ उमानाथ को गौरी का शुभ आशीर्वाद पहुँचे। अत्र कुशलं तत्रास्तु।

आगे हाल-समाचार यह है कि तुम्हारा भेजा हुआ मनीऑर्डर बागो के बाप के नाम पर आया। खेत उन्होंने छोड़ दिया। बेटा, दो साल से तुम घर नहीं आए। कसूर मेरा ही है, मगर इस तरह संन्यासी बनने से तुम्हारा काम नहीं चलेगा। सौराठ[1] की सभा के दिन नज़दीक आ गए। मुझे कब तक यों अकेली रखोगे? देह मेरा दिन-प्रतिदिन दुर्बल होता जा रहा है। तुम ब्याह करते, बहुरिया आती। फिर मैं निश्चिंत होकर ज़रा काशी-प्रयाग हो आती। इति।

ज्येष्ठ सुदि पंचमी बुध सन् 1346 साल।

इस खत का जवाब डाकिया नहीं लाया, लाए अच्युतानंद वैदिक। खचिया-भर प्रशंसा करते हुए उमानाथ का जो संवाद वैदिकजी ने चाची से कहा, उसका सारांश इतना ही था कि वह अभी रुपया जमा कर रहा है। पाँच सौ हो जाएगा तब आकर शादी करेगा।

चाची मुट्ठी बाँधकर खर्च करती तो उसके लिए भी सौ-दो सौ बचा ले जाना आसान था, परंतु इधर उसे 'देवाय-धर्माय' का चस्का पड़ गया था। रत्ती को वह अपने ही आश्रम में रखती थी। दैनिक 'आज' मँगाने के लिए ताराचरण को प्रतिवर्ष पाँच रुपया देने का वादा किया था, इस साल का दे चुकी थी। इसके अलावा, धीरे-धीरे कई बरतन चाची ने खरीद लिए थे। फूल की दो थालियाँ ली थीं, दो लोटे, दो गिलास। अतिथि-अभ्यागत आते तो पहले दरी या कंबल न रहने के कारण लेटने-पड़ने के लिए उन्हें खजूर की चटाई देते समय चाची को कचोट होता। अब उसने काली भेड़ की ऊन के दो कंबल मँगवा लिए थे।

यह सब उमानाथ की भावी गृहस्थी का पूर्वाभास नहीं तो और क्या था?

और अब रतिनाथ जा रहा था मोतिहारी। खर्च में कमी होने जा रही थी। फिर भी चाची उमानाथ के विचार से अप्रसन्न नहीं थी। ब्याह मुफ्त में होता नहीं, और उसके बाद तो खर्च का ताँता ही बँध जाता है। पाँच सौ तो क्या, हज़ार भी हों तो कम ही होगा।

रतिनाथ चौदहवाँ साल पार कर पंद्रहवें में पैर रख रहा था। बड़हड़वा में पुरोहित की आठ साल की एक लड़की थी। चार सौ पर पिछले साल ही जयनाथ

---

1. विवाह संबंध निश्चित करने के लिए जहाँ एकत्र होते हैं, उस स्थान का नाम सौराठ है।

सौदा पटा चुके थे। उन्होंने चाची के सामने एक दिन यह चर्चा छेड़ दी, "रत्ती का ब्याह बड़हड़वा में कराने का निश्चय कर चुका हूँ। कन्या क्या है, साक्षात् गंधर्विणी है। आठ वर्ष की लड़की यों भी 'गौरी' कहलाती है। चार सौ रुपए मिलेंगे। पढ़ने का खर्च देगा। जब चाहोगी, गौना कराकर बहू ला देंगे...।"

सुनते ही चाची के बदन में आग लग गई। जयनाथ को फटकारती हुई बोली, "तुम भी धन्य हो! महाजन बनने की धुन में यही सब सोचा करते हो? इस तरह मैं तुम्हें रत्ती का गला काटने नहीं दूँगी। तुम्हारा वह खिलौना मात्र है, परंतु मेरा? मेरा वह कलेजा है। उसके साथ खिलवाड़ मत करो।"

यह बात बतलाकर बाप के प्रति रत्ती की घृणा को और अधिक तीव्र होने देना चाची को अभीष्ट नहीं था। इसी से रत्ती को उस अष्ट वर्षा गौरी के संबंध में कुछ पता न चला। ज़रूरत भी क्या थी, वह तो मोतिहारी जाने की भावनाओं में मग्न हो रहा था।

रत्ती के मोतिहारी जाने में जयनाथ को भला आपत्ति ही क्या हो सकती थी? अब वह अलग होकर दूर जा रहा था। जयनाथ ने जीवन में पहली बार संतान के प्रति ममता का अनुभव किया। वह उसे दरभंगा ले गए, पैर नपवाकर जूता खरीद दिया। देह नपवाकर दर्जी से कमीज सिलवा दी। आज तक न उसने कभी जूता पहना था, न देह की नाप लेकर कटी-सिली कमीज पहनी थी। अपने प्रति पिता का यह वात्सल्य देखकर भीतर-ही-भीतर उस मातृहीन किशोर का हृदय भर उठा।

जाने का दिन आ पहुँचा। शौच आदि से निबटकर रतिनाथ नहा आया और भक्ति से भगवान् की पूजा की। सोचा–चिरपरिचित यह शालिग्राम, यह नर्मदेश्वर, अब मुझे कहाँ मिलेंगे?

पूजा कर चुकने पर वह खाने बैठा। दाल-भात, परवल की तरकारी, अचार, आम और दही। चाची पंखा झलने बैठी, दस-पाँच कौर मुँह में डालकर वह उठ गया। खाया नहीं गया उससे।

कमीज पहनी। कुलदेवता (उग्रतारा) को जाकर प्रणाम किया और छोटी-सी गठरी लेकर बाहर निकला। चाची को प्रणाम करते समय उसकी आँखें तर थीं। आशीर्वाद देते हुए उसका भी गला भर आया। गठरी जयनाथ ने लड़के के हाथ से ले ली। गाँव से बाहर छोड़ आने को वह साथ हो गए।

नए जूतों ने पैर काट खाए थे। उन्हें बाएँ हाथ की उँगलियों से उठाकर जब

रतिनाथ आँगन से बाहर निकला; तो पीछे मुड़कर एक बार उसने धिवही आम के जाने-पहचाने पेड़ की ओर देखा। घर के पिछवाड़े की ओर बाँस का जंगल था, रत्ती ने उस ओर भी देखा।

आज अपने टोल-पड़ोस की एक-एक वस्तु सचेतन प्रतीत हो रही थी। लगा कि सब उसे मना कर रहे हैं—मत जाओ, मत जाओ, मत जाओ। तालाब, बुड्ढा पीपल, मौलसिरी का वह बौना पेड़, वे खेत, वे बाग, वे झाड़ियाँ, वे झुरमुट, वह बलुआहा—उन्होंने मानो चिल्लाकर रतिनाथ को मना करना शुरू किया—कहाँ जाओगे, लौट चलो, लौट चलो, लौट चलो!

नई जगह, नए लोग-बाग, नई वस्तुएँ—यह भला किसे न अच्छा लगेगा? रतिनाथ भी उल्लास और उमंग से भरा हुआ मोतिहारी के लिए विदा होना चाहता था। मगर छुटपन से ही जिनके बीच वह रहता आया था, जिन्हें देखता आया था, जिनके रंग-ढंग से परिचित था, उन व्यक्तियों, पशु-पक्षियों, चींटियों-मकोड़ों और यहाँ तक कि सचल-अचल सभी वस्तुओं से बिछुड़ते समय उसका हृदय रो रहा था। पैर उसके उठ नहीं रहे थे।

गाँव से बाहर आने पर उसने पिता के दोनों पैर छू लिए। जयनाथ की आँखें छलछला आईं। इससे पहले रतिनाथ ने अपने बाप की आँखें कभी गीली नहीं देखी थीं। ऊपरी दाँत से निचला होंठ दबाकर ही वह अपने को रोने से रोक सका।

पिता के हाथ से गठरी लेकर जब रत्ती चला, तो उन्होंने पाँच रुपए का एक नोट उसकी जेब में डाल दिया और चुपचाप लौट गए।

19

उस साल आम बिलकुल नहीं फला था। शादी-ब्याह, मूड़न-छेदन, उपनयन–संस्कारों और उत्सवों की धूम थी। शुभंकरपुर की ही बात लीजिए। वहाँ बाहर के नौ दूल्हे ब्याह करने आए थे। साथ घरों में जनेउआ हुआ था। मूड़न-छेदन भी पाँच-सात बच्चों के हुए थे। गौना करके चार बहुएँ आई थीं।

बागो का भी ब्याह हुआ था, इसी आषाढ़ में। रामपुरवाली की बात रह गई। वर अच्छा मिला। काशी का साहित्य-शास्त्री। बीस साल की उम्र। गेहुआँ रंग। लंबा चेहरा। नुकीली नाक, गोल-गोल आँखें। चौड़ा कपार, बड़े-बड़े कान। सिर के बाल पतले और मुलायम थे। लड़के का बाप मुजफ्फरपुर में होटल चलाता था। छोटा भाई मिडिल स्कूल में पढ़ रहा था। यह लोग हरिपुर के रहनेवाले थे। शुभंकरपुर के दस कोस उत्तर बेनीपट्टी थाने में यह गाँव पड़ता था। भूमिहारों की बस्ती थी। मैथिल दो-चार ही घर थे।

रामपुरवाली चाची के मायके के लोग न पड़े होते तो इतना अच्छा काम होता? होता यही कि भोला पंडित अपनी टेव के मुताबिक कहीं से कोई ठूँठ पीपल उखाड़ लाते और जिंदगी-भर बागो उसकी परिक्रमा करती रहती।

अब उमानाथ की माँ समाज से बहिष्कृत न रह गई थी। उस कुकांड को लोग अब भूलते जा रहे थे। इधर गाँव में एक तीसरा भूचाल उठा था। जयनारायण झा के छोटे भाई की शादी जयनगर के पास भुतही में हुई थी। जयनारायण शुभंकरपुर के उन चार-पाँच भाग्यशालियों में थे, जो समाज के स्तंभ कहलाते हैं। और जयनारायण के पास तो कुलीनता भी थी, धन भी था। एक मौजे में दो आने की ज़मींदारी पड़ती थी। बैठक के सामने चार बखार थे। काठ के लंबे नाँद में सानी-भूसा खाते हुए आठ तंदुरुस्त बैल उनकी भरी-पूरी गृहस्थी की गवाही दे रहे

थे। नाटे कद का हिनहिनाता हुआ भोटिया घोड़ा वैभव का ओजस्वी प्रमाण था। अपने छोटे भाई की शादी उन्होंने भुतही के ज़मींदार की एकमात्र कन्या से करवाई थी। सोने के टुकड़े जैसे दस बीघा खेत उस ज़मींदार ने अपनी लड़की के नाम लिख दिए थे। अभी कुछ दिन पहले उसकी ज़मींदारी के किसी दूसरे मौजे में किसान-आंदोलन ने जोर पकड़ा, रैयतों ने अपनी जोत की तीस बीघा ज़मीन छोड़ने से साफ इंकार कर दिया। मालिक उसे पड़ोस के किसानों के हाथ बंदोबस्त कर देना चाहता था। जो पच्चीसों वर्ष से उस ज़मीन को जोतते-बोते और फसल काटते आ रहे थे, वे लोग डट गए, "इस पर हमारा हक है।"

रैयतों में से पाँच-सात घर ब्राह्मण भी थे। तनातनी बढ़ी। सरकार ने एक सौ चवालीस दफा लगाकर ज़मीन को लाल साफे और लंबी लाठी की अपनी निगरानी में ले लिया। किसानों ने सत्याग्रह आरंभ किया। मालिक को लठैत और पुलिसवाले मिल गए। ऊपर कांग्रेसी मंत्रिमंडल था, नीचे धरती माता थी। सत्याग्रही पृथ्वी-पुत्र जब पिटने लगे, खून से तिरंगा तब लाल हो उठा। इस छोटे-से महाभारत में दो कुर्मियों और एक ब्राह्मण की जान गई। किसानों को कुछ हद तक सफलता अवश्य मिली, परंतु मालिक को ब्रह्महत्या का पाप लग गया। चाँदी और सोने का भस्म कई बड़े रोगों की अचूक दवा है। ज़मींदार बाबू ने अपना पाप धोने के लिए भगीरथी गंगा की शरण नहीं ली। कर्मकांडकेसरी वयोवृद्ध पंडित बुच्चन पाठक के आदेशानुसार मालिक बाबू ने कमला नदी में स्नान किया, वहीं एक पीपल के नीचे साधारण-सा प्रायश्चित्त कर लिया। प्रकट रूप से कुल दस-बारह रुपए खर्च पड़े। यह दूसरी बात है कि कर्मकांडकेसरी महाशय को दस कट्ठा बढ़िया ज़मीन इस सिलसिले में मिली।

जयनारायण के अनुज का नाम था—लक्ष्मीनारायण। इस बार जब वह ससुराल से लौटे, तो गाँव गनगना उठा—ब्रह्मवध का महापाप हजम करनेवाले ससुर का दामाद होकर, उसके यहाँ खा-पीकर लक्ष्मीनारायण अपने भाई की आँखों में भले ही धूल झोंकें, परंतु शुभंकरपुर का समाज उनको माफ नहीं कर सकता। अरे राम! ब्राह्मण की हत्या करके उस महापापी ने समूचे देश को कलंकित किया है, और अब लक्ष्मीनारायण भुतही का पाप शुभंकरपुर के माथे पर लादने आए हैं! हरे! हरे!!

बात बिलकुल दुरुस्त थी। ब्रह्महत्या महापाप है, तो महापापी से संसर्ग रखना भी पाप है। लक्ष्मीनारायण जनकपुर जाने के बहाने गाँव से निकले थे और

ससुराल में चार-पाँच दिन बिताकर परसों रात दबे पैर चुपचाप घर आ गए थे। आज फिर पूरे दो दिन के बाद जो यह भूचाल उठा, इसमें अंदरूनी ज्वालामुखी का काम जयदेव ने किया था। उसने अपने चारों पट्टशिष्यों को सारी योजना समझा दी और वे गाँव-भर में लक्ष्मीनारायण के प्रच्छन्न पाप की मुक्त घोषणा कर आए। इन चारों में जो अगुआ थे, वह और कोई नहीं, यही हमारे भोला पंडित थे। अपने मझले लड़के (भवदेव) की शादी के बाद जयदेव जयनारायण-गुट द्वारा बार-बार अपमानित और तिरस्कृत हुए थे। अब बदला लेने का अच्छा सुयोग जयदेव के समक्ष स्वतः उपस्थित हो गया था।

जयनारायण भी मामूली अखाड़े का पहलवान नहीं था। विरोधी दल के हमलों से वह बिलकुल नहीं घबराया। प्रायश्चित्त की तो बात ही क्या, अपने छोटे भाई पर लगाए गए अभियोग को ही उसने उड़ा दिया। कहा, "जिसके बाल-बच्चे मुर्गी का अंडा और प्याज-लहसुन खाते हैं, अशौच में केश नहीं कटाते, वह इतना बड़ा निर्लज्ज होगा, यह मैं नहीं जानता था। ईसाई की लड़की अपनी माँग में सिंदूर लगाती है, तो लगाए, परंतु भुतही के हमारे उस कुटुंब ने ऐसा कौन-सा पाप किया कि जिसका पंडित लोग प्रायश्चित्त कराते! रैयतों की हुल्लड़बाजी को किसान-आंदोलन कह देने से काम नहीं चलेगा। ब्राह्मण मरा सही, मगर गोली तो सरकार बहादुर की लगी थी। इसमें लक्ष्मीनारायण के ससुर का क्या कसूर?"

फिर भी जयदेव जयनारायण के गोल में से आठ-दस परिवारों को फोड़ लेने में कामयाब रहे। इसका पता तब चला जबकि जयनारायण के लड़के का उपनयन हुआ।

जयनाथ और दमयंती भी अब जयदेव के गोल में आ गए थे। ताराचरण उधर ही रहे।

भोला पंडित दामाद की विदाई के समय घर से रूठकर दरभंगा चले गए थे। उन्हें यह पसंद नहीं था कि जमाई की विदाई में सौ रुपए से एक पाई भी अधिक खर्च किया जाए। रामपुरवाली ने नहीं माना। तीन सौ रुपए का सामान मधुबनी से उसने मँगवाया। चार जोड़ा धोती, ओढ़ने की दो चादरें, दो तौलिया, हाफ जूता, दो जोड़ा पैताबा, बनियाइन, कमीज, तसर का कोट, रेशमी पाग, छड़ी-छाता, बारह आने-भर सोने की अँगूठी, कंबल, दरी, तोसक, उलैंच (बिछाने की चादर), दो तकिया, फूल की बड़ी थाल, लोटा और गिलास, दाल खाने का बड़ा कटोरा, छः छोटे कटोरे (भाजियों के लिए), घी और चटनी खाने की दो कटोरियाँ,

इसके अलावा रसोई में काम आनेवाले तमाम बरतन, पीकदान।...इतनी सारी चीज़ों से रामपुरवाली ने जमाई की विदाई का आयोजन किया। भोला पंडित को यह असह्य लगा, गाँव से टल गए।

जमाई बाबू विदा हुए, तो उनके साथ भार लेकर पंद्रह भरिया गए। दही, केला, मिठाई, पान-सुपारी, मेवा-मखान, बहुत-कुछ सामान था। बाकी चीज़ें तो थीं ही।

दूध, दही, घी, मछली आदि खिला-पिलाकर रामपुरवाली ने दूल्हे की देह को लाल-बुंद कर दिया था। इक्कीस रोज रहे थे वह।

रतिनाथ बागो की शादी के सात दिन बाद निकला था। अपनी बाल-सखी के इस रूपांतर से रत्ती को बड़ी प्रसन्नता हुई थी। चतुर्थी[1] (सुहागरात) के बाद, अगले दिन थोड़ी देर के लिए दोनों मिले थे। किसी काम से वह चाची के यहाँ आई थी। रत्ती अपने ओसारे पर बैठा 'कन्यादान'[2] पढ़ रहा था। प्रसंग बहुत रोचक था। नायक की संभावित वधू बुच्चीदाई की मुग्धताओं पर मस्त होकर रतिनाथ उस उपन्यास को सरसर पढ़े जा रहा था कि पीछे से आकर किसी ने अपने छोटे-छोटे मृदु-सुरभि हाथों से उसकी आँखें झाँप दीं। एक हाथ से उपन्यास पकड़े रहकर, दूसरे हाथ से रतिनाथ इस चोर का हाथ टटोलने लगा। लाह की चूड़ियों पर उँगलियाँ पड़ते ही वह खिलखिला उठा। बोला, "धत् तेरी की! बागो, कैसे आई?"

पीछे से हाथ हटाकर बागो सामने हो गई थी। पूछा, "अब तो तुम मोतिहारी में पढ़ोगे, आओगे कब?"

"दुर्गापूजा की छुट्टी में।" रत्ती ने कहा था।

इसके बाद देर तक वे एक-दूसरे को ताकते रह गए थे। इससे पहले दोनों जब मिलते थे, तो बड़ी देर तक गप-शप चलती रहती। मगर उस दिन न रतिनाथ के मुँह से कुछ निकला और न बागो के मुँह से।

1. विवाह के बाद चौथी रात, पहले की तीन रातें वर-वधू को ब्रह्मचर्य के कड़े नियंत्रण में बितानी पड़ती हैं।
2. मैथिली भाषा में हरिमोहन झा द्वारा लिखित एक लोकप्रिय उपन्यास।

20

आषाढ़ बीत चुका था।

खेतों में धान के पौधे लहलहा रहे थे। बरसात भली-भाँति शुरू हो गई थी। धान रोपने के दिन थे। क्यारीनुमा खेत पानी से भरे थे।

आज रात फिर बारिश हुई थी, खूब हुई थी।

जयकिशोर सुबह-सुबह उठे और लोटा लेकर दिशा-फराकत के लिए घर से निकले। तरकुलवा में सभी जाति के लोग बसते थे। दुसाध, मुसहर, डोम थे तो धुनिया, जुलाहा भी थे। लेकिन बाभन, राजपूत, बनिया, ग्वाला वगैरह गाँव के एक ओर थे। मुसलमान दूसरी ओर। छोटी जातिवाले उसके बाद–सड़क के किनारे लंबाई में बसा था गाँव। आठ-दस पोखर थे। कुछ बस्ती के सामने और कुछ पीछे की ओर। एक का नाम 'बड़ी पोखर' था। जयकिशोर ने बचपन में इसी पोखर में तैरना सीखा था। भादों-आसिन की तपती दुपहरियों में छाता लगाए इसी के बाँध पर घंटों बैठकर काँटों में मछलियाँ फँसने की प्रतीक्षा की थी। बीसों बार इसके छाती-भर पानी में घुसकर नीले-सफेद कमल वह तोड़ लाए थे। इन्हीं कारणों से यह पोखर उन्हें प्रिय था।

कान पर जनेऊ चढ़ाए, हाथ में लोटा लिए जयकिशोर जब बड़ी पोखर के घाट पर हाथ मटियाने आए तो शंकर बाबा मिल गए। वह बाँस की छतरी (मेघडंबर) लगाए हुए थे। कछौटा मारकर बड़े ही गौर से उस नाले की ओर देख रहे थे, जिसमें से बरसाती पानी आ रहा था। तालाब की मछलियाँ रात में काफी निकल चुकी थीं, लोगों ने खूब पकड़ा था। पोते ने जिद की तो अब शंकर बाबा भी आए थे। अभी तक दो पोठियाँ हाथ लगी थीं, कुछ और हो जातीं तो अच्छा था...जयकिशोर को देखते ही बोले, "किशोर, तुम्हें इनका शौक नहीं रहा क्या?"

"वाह, क्यों नहीं!" जयकिशोर ने कहा, "मछलियों का शौक भी कभी जा सकता है? मगर, कौन रात-भर इनके लिए परेशानी उठाए! चरवाहे ने कुछ मछलियाँ पकड़ी होंगी ज़रूर। हमारे यहाँ यह सब वही करता है। तालाब से मछलियाँ पकड़ना, बाग में से आम तोड़ लाना, हाट से साग-भाजी ले आना... सब वही करता है। दूसरा है ही कौन?"

इतना कहकर जयकिशोर बाबू पानी के किनारे रखे काले सिल पर बैठ गए और हाथ मटियाने लगे। इस बीच में शंकर बाबा को एक पोठी और दिखाई पड़ी। वह नाले के छल-छल करते पानी में उस मछली को पकड़ने के लिए लपके। पैर लगाकर छपाक् से पानी उछाला, निशाना ठीक बैठा था। पोठी नाले से बाहर आकर उछल रही थी। हरी-हरी दूब पर चाँदी-सी सफेद और चमकदार वह छोटी मछली जयकिशोर को बहुत बढ़िया लगी। बाबा ने उसे उठाकर जोर से पटक दिया, वह निष्प्राण हो गई। उछल-कूद बंद हो जाने पर भी दूब पर वह सुंदर तो लग ही रही थी। बाबा ने कहा, "बस, एक और हो जाए।"

जयकिशोर हाथों में तीन बार मिट्टी लगा चुके थे, अब लोटा माँज रहे थे। वह शंकर बाबा की ओर नज़र फेंकते हुए बोले, "बस, चार ही पोठी? सारा परिवार इतने से ही तृप्त हो जाएगा?"

बाबा की निगाह फिर छल-छल करते पानी पर जम चुकी थी। उन्होंने कहा, "मुझे अब इन वस्तुओं का आवेश नहीं है। बुचनू का हठ था, उसके लिए तीन-चार काफी होंगे।"

इतने में एक बड़ा-सा झींगा तालाब से निकलकर बाहरी दुनिया की सैर करने के लिए नाले के रास्ते पर आगे बढ़ा। बाबा ने देख लिया। उसका मटमैला रंग उनकी आँखों को धोखा नहीं दे सका। वह फिर उसी भाँति झपटे। इस बार अँजुरी से पानी उछाला उन्होंने। झींगा नाले से बाहर आ पड़ा। बाबा ने उसे भी दे पटका। जयकिशोर यह सब देख रहे थे। कुल्ली कर चुके थे। अब उन्हें भिंडे पर बैठकर दाँतुन करना था। बाबा से कहा, "अब तो आप जाएँगे?"

"एक-आध और हो जाए तो क्या हर्ज है?" शंकर बाबा गुनगुनाकर बोले। जयकिशोर ने सोचा–इनका लोभ बढ़ता जा रहा है। मनुष्य जब प्राप्तव्य पा जाता है, तब उसकी दृष्टि आगे की ओर इतनी तेजी से क्यों फिसलती है?

बड़ी पोखर के भिंडे पर उत्तर की ओर मुँह करके जयकिशोर दाँतुन करने बैठे। आगे खेतों में धान के हरे-हरे पौधे लहरा रहे थे। उनसे परे आमों के

नील-निविड़ कुंज थे! उनसे भी परे सुदूर उत्तरी आकाश में हिमालय की धवल-धूमिल चोटियाँ थीं जो उगते सूरज की पीली किरणों से उद्भासित होकर स्वर्ण-शृंग-सी लग रही थीं। जयकिशोर ने इसी भाँति यह दृश्य कई बार देखा है और यहीं बैठकर, किंतु आँखों को परितृप्ति नहीं हुई। हिमालय क्या इतना नज़दीक है? उन्हें विश्वास नहीं होता। फिर भौगोलिक जानकारी चिकोटी काटती कि दरभंगा जिले की उत्तरी सीमा यहाँ से चार कोस पर है, आगे नेपाल है। यह हिमालय नेपाल ही में तो पड़ता है। हाँ, ठीक तो है। फिर वह स्वप्न देखने लगे कि पेंशन मिल जाने पर जब घर बैठेंगे, तब रोज यह दृश्य देखने को मिलेगा। वह कभी बिहार छोड़कर बाहर नहीं गए, फिर भी अपनी मातृभूमि की प्रशंसा करते थकते नहीं। सुजलां सुफलां मलयजशीतलां फुल्ल कुसुमित द्रुमदलशोभिनीं शुभ्रज्योत्स्ना-पुलकितयामिनीं सुहासिनीं सुमधुरभाषिणीं सुखदां वरदां—मातृभूमि की वंदना के लिए बंगीय बंकिमचंद्र ने इन विशेषणों का उपयोग किया है। जयकिशोर का दावा था कि हमारी मातृभूमि मिथिला भी ठीक इन्हीं विशेषणों की अधिकारिणी है। इस संबंध में दक्षिण बिहार के अपने भाइयों से वह उलझ पड़ते।

जयकिशोर के तीन बच्चे थे, दो लड़के और एक लड़की। सपरिवार वह प्रवास में रहते। बहुत कोशिश की कि माँ भी साथ रहे, मगर बुढ़िया ने मंजूर नहीं किया। जिद करने पर वह कहती, 'जनम भर कहीं नहीं गई और अब बुढ़ापे में क्यों कुलदेवता और ग्रामदेवता की पूजा मुझसे छुड़वाओगे? पर्व और त्योहार के दिनों में देवता-पितर आवेंगे, आँगन-घर सूना रहेगा तो निराश लौट जाएँगे।' यह सब सुनकर जयकिशोर चुप हो जाते। श्रद्धालु माँ के दिल को दुखाना इस शिक्षित पुत्र को अच्छा नहीं लगता। दूसरी बात भी थी। जायदाद काफी थी, दूसरे पर निगरानी का भार सौंप देने से निश्चित था कि उसमें चूहे लग जाते। जयकिशोर की नौकरी मजबूरी की नौकरी नहीं थी। वह थी खाते-पीते आदमी द्वारा शौक से की जानेवाली नौकरी। जिला स्कूल में हेड पंडिताई यों भी मामूली नौकरी नहीं कहलाएगी, उसका संबंध सीधे सरकार बहादुर से रहता है। औरत उन्हें अच्छी मिली है। उसका कुल-शील भी अच्छा है, चेहरा-मोहरा भी बढ़िया है। गौना होने के बाद कई साल तक वह अपनी सास के साथ ही रही। जब जयकिशोर की नियुक्ति राँची के जिला स्कूल में हुई तब से रूपरानी भी साथ रहती आई है। यह नाम सास का रखा हुआ है। मायके का नाम था शशिमुखी। भले घर की सभी औरतों के दो-दो नाम हुआ करते हैं—एक ससुराल का और दूसरा मायके का।

पिछले दिन संध्याकाल रतिनाथ तरकुलवा पहुँचा था, अकेला। इधर वह कई बार शुभंकरपुर से तरकुलवा आ-जा चुका था। इसलिए जयनाथ ने अकेले ही आने दिया।

रतिनाथ यद्यपि जयकिशोर का अपना भांजा नहीं था, फिर भी वह उसे बहुत मानते थे। उसके गुणों पर मुग्ध थे। वह बहुत कम बोलता। फुर्ती से काम करता। कमज़ोर और दुबला रहने पर भी सभी प्रकार के कामों के लिए तैयार रहता। पढ़ने में तो खैर तेज़ था ही, अक्षर भी उसके सुंदर होते थे। खाते-पीते समय कभी कोई शिकायत नहीं कि यह खाऊँगा और वह नहीं। रसोई भी करना उसे आता था। एक प्रवासी के लिए यह बहुत बड़ा गुण है कि वह खाना पकाना जाने।

जयकिशोर के जाने में तीन दिन बाकी थे। आम इस बार नहीं फरा था। फिर भी जिनके पास कलमी आम के पेड़ थे, उन्हें कुछ-न-कुछ हाथ लगा ही। कलकतिया थोड़ा-बहुत हर साल फलता है। मालदह और कृष्णभोग के बारे में ठीक यही बात नहीं कही जा सकती। और वर्षों की भाँति इस वर्ष भी सौ-डेढ़ सौ आम जयकिशोर साथ ले जाना चाहते थे। माँ को भला इसमें क्या आपत्ति होती? उसने कहा, "यहाँ खाओ तब भी और वहाँ खाओ तब भी, बराबर है। कौन है खानेवाला? बच्चों को खाते देखती हूँ, तो यों ही मेरा मन अघा जाता है। नहीं तो अकेले कोई अच्छी चीज़ खाना मेरे लिए पहाड़ हो जाता है।"

रूपरानी ने कहा, "आम मोतिहारी में भी हैं, क्या होगा ले जाकर? यहाँ रहेगा तो पड़ोस और समाज के लोग खाएँगे। जस देंगे।"

मगर माँ ने बहुत जोर दिया, "कितना भी ले जाओगी, यहाँ के लिए घटेगा नहीं। इस गाँव में सभी के यहाँ अपने-अपने पेड़ हैं। थोड़ा-बहुत आम सभी के पेड़ों में फरे हैं। कुछ ने तो बेचा भी है। तुम वहाँ खरीदकर खाओगी और यहाँ सड़ेंगे, सो कैसे होगा?"

आखिर दो सौ आम दो खाँचों में भरकर ऊपर से एक-एक खाँचा डालकर उन्हें मजबूती से सी दिया गया। इन कामों में जयकिशोर की माँ बहुत चतुर थीं। वह वास्तव में नारी के रूप में पौरुष की अवतार थीं। जयकिशोर मुक्तकंठ हो कहा करते--ऐसी माँ और किसकी होगी? कभी किसी काम के लिए मुझे नहीं कहा। मैं राजकुमार की तरह रह रहा हूँ। हाथ से कदाचित् ही एक तिनका भी उठाना पड़ा हो! और, जयकिशोर बाबू का ऐसा कहना अनर्गल नहीं था। उनकी

माँ घर के सारे कामकाज स्वयं ही करती-कराती थी। खेती-बाड़ी के लिए कभी उसने कारपर्दाज नहीं रखा। कभी-कभी भाई मदद कर जाता था। तरकुलवा में खेत-मजदूर सुलभ थे। जयकिशोर की माँ ने दो खेत-मजदूरों को पाँच-पाँच कट्ठा खेत दे दिए थे। वे पिशाच की तरह कड़ी मेहनत से सारे काम करते। धान रोपने के दिनों में रोज पाँच-पाँच, सात-सात, दस-दस तक मजदूर लगे रहते। उन्हें अढ़ाई सेर धान और पेट-भर खाना मिलता। दाल-भात, तरकारी और अचार। छोटी जात के उन गरीब और भूखे बनिहारों (खेत-मजदूरों) के लिए जयकिशोर बाबू के खेतों में धान रोपने के ये दिन महोत्सव के दिन थे, पुण्याह थे। इसका असर पड़ता गृहस्थी पर। सबसे पहले जयकिशोर के ही खेतों में धनरोपनी हो जाती, औरों की पारी पीछे आती। सोहनी करने (निराने) और फसल कटाने में भी यही सिलसिला रहता। यह सब उस वृद्ध महिला का ही पौरुष था, नहीं तो प्रवासी पंडित की खेती-बाड़ी का नमूना देखना हो तो शुभंकरपुर के जनार्दन पंडित के खेतों को देखिए। खुद कलकत्ता रहते हैं। बेटा राँची स्कूल में मास्टर है। परिवार को साथ रखता है। बेटा-पतोहू राँची में हैं। दो छोटे लड़के पटना में पढ़ते हैं। घर पर पिचासी साल की वृद्धा चाची हैं। जायदाद काफी है, मगर यह सब खबास नारायण मड़ड़ के भाग में लिखा है। भैंस का दूध वह पीता है। मालभोग और कनकजीर का भात वह खाता है। बगिया का चंपा केला, मालदह आम, बनारसी अमरूद--सब उसी के बालभोग में चला जाता है। बाप-दादे के जमाने का राजशाही पलंग। पंडित नहीं हैं तो उस पर टाँग फैलाकर और कौन सोएगा? सोता है नारायण खबास। चाची बेचारी न जीती हैं, न मरती हैं, हुकुर-हुकुर करती हैं। राँची से जब-जब पोता आता है, अपनी इसी दादी के लिए एक-न-एक रसोइया बहाल कर जाता है। मगर, वह रसोइए को दस-पंद्रह दिन से ज्यादा टिकने नहीं देतीं। ज़िंदगी-भर वह अकेली ही रहीं, अकेले पकाकर अकेले ही खाया। अब उन्हें दूसरे के हाथ की रसोई कैसे पसंद आए? आँगन में चारों तरफ चार घर हैं। एक में चाची का डेरा है। दूसरे में पलंग वगैरह है। तीसरे में धान-चावल, चूहा, झींगुर और नेवले रहते हैं। चौथा खाली पड़ा है, जिसमें धान की भुस, टूटी संदूक, पुराना पिटारा वगैरह सुरक्षित है। कुंती और नीलो इसी घर में ब्याती हैं। टोल-भर की सार्वजनिक कुत्ती का नाम जाने कब किसने 'कुंती' रख दिया! नीलो बिल्ली थी। कुंती के प्रसव का सुनिश्चित स्थान पिटारा है और नीलो रानी टूटी संदूक में बच्चे जनती है। जनार्दन पंडित का घर-आँगन किसी अभागे ज़मींदार की उजाड़ कचहरी

जैसा लगता है! बिना देख-भाल की घर-गृहस्थी का यही हाल होता है।

जयकिशोर को अपनी माँ का बहुत बड़ा अभिमान था। कभी उन्होंने माँ की किसी बात का प्रतिवाद नहीं किया। तीसरे साल जब वह घर आए तो किसी ने गौरी के उस कुकांड का सारा समाचार जयकिशोर से कहा और बारंबार कहा, परंतु वह उत्तेजित नहीं हुए। समाज में एक तरुणी विधवा को किन परिस्थितियों का मुकाबला करना पड़ता है, इस बात को वह भली-भाँति समझते थे। थोड़ा क्षोभ और संकोच जयकिशोर को अवश्य हुआ, परंतु उसे उन्होंने दूसरे ही रूप में प्रकट किया। प्रतिवर्ष की भाँति उस साल भ्रातृद्वितीया में अपनी बहन के यहाँ वह नहीं गए, बस। माँ को समझाने के लिए कोई बहाना ढूँढ़ लिया।

रतिनाथ को स्नेह-भाजन बनाकर जयकिशोर उसे अपने साथ रखने के लिए तैयार हुए थे, इसके अंदर उनका भगिनी प्रेम ही काम कर रहा था। उमानाथ को वह पढ़ा नहीं सके थे, तो इसमें उनका क्या दोष? रतिनाथ को गौरी कितना मानती थी, यह जयकिशोर को खूब अच्छी तरह मालूम था। रत्ती की प्रतिभा देखकर उन्हें पूरा विश्वास हो गया कि यह लड़का उमानाथ की तरह मुझे बहन की दृष्टि में हलका नहीं बनाएगा।

स्कूल तेरह जुलाई को खुल रहा था। ग्यारह और बारह को मंगल और बुधवार पड़ते थे। उत्तर की तरफ जाने में दिशा-शूल होता। इसीलिए जयकिशोर आषाढ़ शुक्ल पंचमी सोम को सपरिवार मोतिहारी के लिए चल पड़े। एक अहीर का लड़का–टकवा साथ रहता था। तीन बच्चे, नौकर, रतिनाथ और दो जने खुद। कुल मिलाकर इस बार परिवार में सात प्राणी हो गए थे। तरकुलवा से राजनगर। काम एक ही बैलगाड़ी से चल गया।

भीड़ के कारण औरत और बच्चों को जनाना डिब्बे में बैठा दिया गया था। सुबह की ट्रेन थी, रतिनाथ ने सोचा, चलो अच्छा हुआ। देखते चलेंगे। तारसराय तक, नहीं दरभंगा तक, उसका देखा हुआ था ही। उसके आगे रत्ती सहस्राक्ष बनकर चलती गाड़ी में से आसपास के दृश्य देखने लगा। कोसों तक फैले धान के हरे-भरे खेत। उनकी लहराती हरियाली क्या थी, तरंगित समुद्र का ही हरा संस्करण था। लेकिन रतिनाथ ने समुद्र नहीं देखा था। हाँ, बाढ़ के दिनों में परसौनी के पच्छिम, जब मोहना चौर पानी से भर जाता तो लोग कहते, 'मोहना तो समुद्र हो गया है।' इससे समुद्र का एक कल्पित नक्शा उस किशोर के दिमाग में था अवश्य, फिर भी धान के खेतों की कोसों लहराती हरियाली को हरा समुद्र

कह देना उसके बूते की बात नहीं थी। असीम हरीतिमा के इस भव्य दृश्य से रत्ती की आँखें अघाती नहीं थीं। इधर-उधर बैठे-खड़े मुसाफिरों के गुल-गपाड़े उनका ध्यान भंग करने में असमर्थ थे। गाड़ी हड़हड़ाती हुई जब एक पुल को पार करने लगी तो ठकवा ने चकोटी काटकर कहा, "रत्ती बाबू, जानते हैं, कौन नदी है?"

"नहीं तो," रतिनाथ ने चौंककर कहा। ठकवा बोला, "बागमती है।" रत्ती को किसी कवि का एक पद याद आया जिसमें कहा गया--बागमती, तू धन्य है! तेरा पानी विद्यापति के श्वास से सुरभित है और तेरे तट के बालुका-कण दार्शनिकों की दृष्टि से भास्वर। तेरा प्रवाह जिस भूमि पर से एक बार भी गुजर जाता है, वह सदा के लिए रत्नगर्भा बन जाती है। बागमती, तू धन्य है। शरद् ऋतु की पूर्णिमा के इस निशीथ में मन करता है, मैं अपनी देह तेरे प्रवहमान वक्ष पर छोड़ दूँ...सोचते-सोचते वह झपकियाँ लेने लग गया।

एक दचके के साथ नींद टूटी, तो गाड़ी समस्तीपुर आ चुकी थी। लोग धड़ाधड़ उतर रहे थे। रतिनाथ भी उतरा। उसकी छोटी-सी गठरी मामा-मामी के बिस्तरों में डाल दी गई थी। उस ओर से वह निश्चिंत था। इत्मीनान से उतरा और मामा के पास जाकर खड़ा हो गया।

बहुत बड़ा स्टेशन। लोगों की अपार भीड़। ट्रेनों की कमी नहीं। पान-सिगरेट-बीड़ीवालों का कोलाहल। दुनिया के इस विचित्र पहलू से रतिनाथ आज तक अनजान था। बाप, चाची और साथियों के विछोह से जो दिल अभी तक भारी-भारी-सा था, वह अब हल्का होता जा रहा था। नई जगह, नए लोग, नए नज़ारे। स्मृतिपट पर से पिछली रेखाएँ मिटती जा रही थीं, रंग तो धुँधला पड़ ही चुका था। रत्ती को खयाल आया--यह तो समस्तीपुर का हाल है! और कलकत्ता कितना बड़ा शहर होगा? कहते हैं, वहाँ पंद्रह लाख लोग रहते हैं। बड़ा होने पर भैया के साथ मैं भी कलकत्ते जाऊँगा...।

इतने में मुजफ्फरपुर की गाड़ी आ धमकी। सब उसमें सवार हुए। भीड़ कम थी। पूसा रोड, ढोली, सिलौट और चौथा स्टेशन मुजफ्फरपुर। रत्ती गिनता गया था। वहाँ पहुँचते-पहुँचते बारह बज गए। लाइन के दोनों ओर आम और लीची के बड़े-बड़े बाग थे। धान के खेत भी थे, मगर उतने हरे-भरे नहीं। लीची का मौसम बीत चुका था और आम फरा ही न था। फिर भी स्टेशन पर 'बथुआ' आम बिक रहे थे, रुपए में बारह। वह उन लोगों के लिए अलभ्य वस्तु नहीं थी, क्योंकि [illegible] सौ बड़े और बढ़िया आम साथ जा रहे थे।

मोतिहारी की गाड़ी में अभी कुछ विलंब था। दरी बिछाकर प्लेटफार्म पर वे बैठ गए। वहीं खाना-वाना हुआ। जयकिशोर पड़ रहे तो ठकवा ने उनके पैर और जाँघ में मुक्कियाँ लगाना शुरू किया। मुक्कियाँ लगवाते-लगवाते उन्हें नींद आ गई।

छोटी बच्ची के आगे से पूड़ी उठा लेने के कारण सड़ी दुमवाले काने कुत्ते को रतिनाथ ने एक लात लगाई। वह आँउ-आँउ-आँउ कर उठा, तो जयकिशोर की आँख खुली। बिस्तर बाँध-बूँधकर तैयार हो गए। थोड़ी देर में पहलेजा घाट से गाड़ी आई, उसी पर सब सवार हुए। तीन बज रहे थे। गाड़ी के चलते ही रतिनाथ को नींद आ गई।

आठ बजे रात को ट्रेन मोतिहारी पहुँची।

21

सूर्यदेव मैट्रिक की परीक्षा में दो बार फेल हो चुका था। मुजफ्फरपुर के सीतामढ़ी डिवीजन में उसका घर पड़ता था। जयकिशोर ही उसके अभिभावक थे। स्टेशन के उत्तर गुमती के नज़दीक उनका डेरा था। पास ही एक मंदिर था। बीच में मंदिर, चारों ओर धर्मशाला। यह सब बकुलहर मठ की मिल्कियत थी। पिछले साल महंतजी आए तो जयकिशोर का उनसे परिचय हुआ और उसी परिचय का फल है कि यह धर्मशाला और मंदिर अब जयकिशोर की निगरानी में हैं। इनको इससे और कुछ नहीं, पर एक फायदा ज़रूर था कि वक्त-बेवक्त दो-चार आदमियों को वहाँ टिका देते।

धर्मशाला में पचीसों कोठरियाँ थीं। बहुधा वे खाली ही पड़ी रहतीं। खाली रहने के दो कारण थे। एक तो वह शहर से बाहर पड़ती थीं और दूसरा यह कि मोतिहारी कोई बड़ा शहर तो है नहीं। जिला चंपारन का सदर होने से ही इसका थोड़ा-बहुत नाम है। नहीं तो चंपारन में प्रमुख नगर अगर है तो वह बेतिया है। सभी दृष्टि से वह मोतिहारी से अव्वल है।

सूर्यदेव उसी धर्मशाला की एक बढ़िया कोठरी में रहता था। यह पंडित जयकिशोर की ही कृपा थी। एक बड़ी तख्तपोश थी उस कोठरी में, उसी पर सूर्यदेव दरी बिछाकर सोता था। बीस साल की उम्र। साँवला रंग, दुहरा बदन, लंबा कद, सूअर के जैसे खड़े-खड़े बाल। खाते-पीते घर का लड़का था। शादी हो चुकी थी, मगर ससुराल जाना बाप ने उसके लिए वर्जित कर रखा था। शादी करनेवालों में, यानी दूल्हे के बाप और दुल्हन के बाप में गहरा मनमुटाव हो गया था। लड़के को मोहनमाला (सोने का कंठहार) नहीं दी गई थी, बस इसी पर।...सूर्यदेव अपनी नवोढ़ा से उतना ही अलग था, जितना कि चाँद कुमुदिनी से। पर वे नज़रों से तो

भला एक-दूसरे के सामने रहते हैं। लड़के का जी न पढ़ने में लगता था, न खेलने-कूदने में।

उस रात स्टेशन से जब मकान आए, तो जयकिशोर ने कहा, "रतिनाथ, आज तुम सूर्यदेव के साथ सो जाओ। उसकी चौकी बड़ी है, और मसहरी भी चौड़ी है। कल दूसरा इंतजाम कर देंगे।"

सूर्यदेव भी वहीं था। ऐसा अवसर कई बार आया है। नवागंतुक विद्यार्थी को बोर्डिंग में सीट नहीं मिलती, तो वह पंडित जयकिशोर के सुपुर्द किया जाता। पंडितजी इसी धर्मशाला में उसके रहने का प्रबंध कर देते। और न तो दो-चार दिन नया लड़का सूर्यदेव के ही साथ रह लेता।

रत्ती खा-पीकर सोने आया।

नई और अपरिचित जगह में जल्दी से नींद नहीं आती। सूर्यदेव ने परिचय के रथ को आगे धकेलने की बात छेड़ी, मगर रतिनाथ ने हर सवाल का सीधा-सीधा जवाब दिया और अपनी ओर से कुछ न पूछा। परिचय और मित्रता समवयस्कों में ही शीघ्रता से होती है। यहाँ एक था बीस का, और दूसरा था पंद्रह का, तो फिर हृदय के कपाट फौरन कैसे खुल जाते?

रतिनाथ को नींद आ गई, परंतु वह गाढ़ी नींद नहीं थी। सोते समय मालूम हुआ कि कोई धीरे-धीरे उसकी जाँघ पर हाथ फेरने लगा है। लड़के की आँख खुल गई और वह सावधान हो गया। देखा कि पास सोनेवाला उससे बिलकुल सट रहा था यद्यपि बिस्तर खूब चौड़ा था। रत्ती के जागने से सूर्यदेव एकदम निश्चेष्ट पड़ गया। रतिनाथ सतर्क हो गया। उसे जयकिशोर पर गुस्सा आ रहा था, मन-ही-मन कि राक्षस का साथ कर दिया, सोना हराम कर रखा है! वह उठकर बाहर आ जाना चाहता था कि सूर्यदेव ने उसकी मुट्ठी में दो रुपए डालकर शांतिपूर्वक लेटे रहने का इशारा किया। अँधेरा था, इसलिए संकेत का काम थपकियों से लिया गया था। यह रुपया तो रतिनाथ को पागल बना देने के लिए काफी था। उसके बदन में आग लग गई। अँगनई में मंदिर था, उसमें भगवान् लक्ष्मीनारायण सो रहे थे। कोठरी का किवाड़ खुला था, मंदिर साफ नज़र आ रहा था। रत्ती बिस्तरे पर उठ बैठा। मसहरी में से हाथ निकालकर खूब जोर से उसने चाँदी के वे दोनों रुपए मंदिर की ओर फेंक दिए और कहा–"हे लक्ष्मीनारायण! हे भगवान्! तुम साक्षी रहना।" इतना कहकर वह कोठरी से निकल गया। धर्मशाला से बाहर एक कुआँ था। वहीं एक पेड़ के नीचे टूटी चौकी पर बैठकर लड़के ने वह रात बिता दी।

सुबह जयकिशोर ने पूछा, "कैसी नींद आई रत्ती?"

उसने कहा, "सूर्यदेव से पूछ लीजिए।"

जयकिशोर ने समझा, मच्छरों ने क़ाटा होगा। बात खत्म हो गई। मोतिहारी आते ही सबसे पहली शिक्षा रतिनाथ को जो मिली, वह यही थी। झेंप के मारे बहुत दिनों तक सूर्यदेव ने उसकी तरफ भर आँख देखा तक नहीं।

दूसरे दिन उसी धर्मशाला की एक छोटी-सी कोठरी रतिनाथ को मिली। वह उसी में रहने लगा।

मोतिहारी में संस्कृत का एक अचल विद्यालय था। अध्यापक थे पंडित दूधनाथ तिवारी व्याकरणाचार्य। जयकिशोर स्वयं भी कभी-कभी रत्ती को पढ़ाते थे। रतिनाथ का पढ़ने में खूब मन लगता था। काव्य और व्याकरण, यही दो विषय थे। व्याकरण वह विद्यालय में पढ़ आता, काव्य जयकिशोर पढ़ाते।

विद्यालय शहर के बीच में पड़ता था। पढ़नेवाले बीस से अधिक न थे। पंडितजी को बीस रुपए मासिक मिलता था। कुछ अनियमित रूप से मारवाड़ी लोग भी दान दे दिया करते। बात यह है कि संस्कृत पाठशाला के अध्यापक और विद्यार्थियों के प्रति धनी समाज का वही दृष्टिकोण रहता है जो कि पिंजरापोल के प्रति सेठों का। सड़े-सूखे आम, रद्दी चादरें, खुरदरे कंबल, घुन-लगा अनाज, फटी-पुरानी किताबें—इन वस्तुओं का दान और कौन लेगा?

विद्यालय के पास ही 'कमला नेहरू पुस्तकालय' था। वहाँ दैनिक 'आज', 'सरस्वती', 'बालक', 'योगी', 'विश्वामित्र' आदि कई अखबार आते थे। रतिनाथ उन्हें पढ़ना पसंद करता था। मासिक पत्रों ने उसकी रुचि को उपन्यासों की ओर मोड़ दिया।

जयकिशोर ही उसे लाए थे, इसलिए खाना-कपड़ा वही देते थे। एक संस्कृत-प्रेमी ज़मींदार ने अपने छोटे लड़के को पढ़ाने के लिए अपने यहाँ एक विद्यार्थी रखना चाहा। उसने जयकिशोर से यह बात कही। उन्होंने रतिनाथ को उसके यहाँ रखवा दिया। खाना-कपड़ा और रहने की जगह अब सभी कुछ रत्ती को वह ज़मींदार ही देने लगा। बदले में ज़मींदार के लड़के को संध्या, गीता आदि पढ़ाना पड़ता। लड़के की उम्र थी बारह साल की। वह देखने में खूबसूरत था, पढ़ने में मंद।

यह ज़मींदार महाशय जिला गोरखपुर के कोई दूबे थे। मोतिहारी शहर से डेढ़ मील उत्तर उनका मौजा था। दो सौ बीघा काश्तकारी भी थी। चम्पारन की

ज़मीन खूब उपजाऊ है, वहाँ की मामूली मिट्टी सोना उगलती है। फिर यह दूबे तो ज़मींदार भी थे और काश्तकार भी। इस साल वर्णाश्रम स्वराज्यसंघ (काशी) के किसी महोपदेशक ने उन्हें इतना प्रभावित किया कि अपने कनिष्ठ पुत्र को संस्कृत की शिक्षा दिलाने का आपका निश्चय वज्र संकल्प बन गया, इसीलिए एक गरीब विद्यार्थी को अपने परिवार में शामिल करके उससे लड़के को पढ़ाना चाहते थे।

शुभंकरपुर के जीवन से मोतिहारी के इस जीवन की कोई तुलना हो ही नहीं सकती। यहाँ नागरिकता का वातावरण था। रतिनाथ की प्रतिभा खिल उठी। संस्कृत के साथ ही हिंदी में भी योग्यता हासिल करना उसने अपना लक्ष्य बनाया। संस्कृत के लिए जयकिशोर थे, विद्यालय था। हिंदी के लिए पुस्तकालय था और अखबार थे। कठोर और रुक्ष प्रकृति के पिता का नियंत्रण हटते ही रतिनाथ स्वतंत्र हो उठा। स्वतंत्र नहीं, स्वच्छंद कहना चाहिए। इस स्वच्छंदता से उसके अंदर दो दुर्गुण प्रवेश कर गए। एक तो पाठ्य-पुस्तकों के प्रति अरुचि, दूसरा कुसंगति। पाठ्य-पुस्तकों के प्रति अरुचि ने अधिक-से-अधिक उपन्यास, काव्य और नाटक पढ़ने का रूप धारण किया, और कुसंगति ने अस्वाभाविक व्यभिचार का। ज़मींदार का लड़का खूबसूरत तो था ही, रतिनाथ उसकी सुंदरता पर मुग्ध रहने लगा। दूबेजी (ज़मींदार) का आदेश हुआ—"विद्यार्थीजी, तुम दोनों को एक अलग कमरा देता हूँ। उसी में सोया करो। आपस में तुम लोग देववाणी (संस्कृत) में ही बतियाया करो।" बस, फिर क्या था? दोनों किशोर, दोनों राम-लक्ष्मण साथ रहने लगे। उनका सोना-जागना, उठना-बैठना, खाना-पीना सब साथ चलता। परंतु उनमें से एक अभावों-अभियोगों की सीमांत भूमि से आया था और दूसरा था विलासिता के वातावरण में पनपनेवाला। उस लड़के का नाम था नरेश। अपने पिता के कठोर शासन के अनुसार आजकल वह ब्रह्मचारी का जीवन बिता रहा था। न तो सिर में वह तेल डाल सकता, न आईने में मुँह देख पाता और न कंघी का इस्तेमाल कर सकता। जूता तक ज़मींदार साहब ने उसके लिए वर्जित कर रखा था। रतिनाथ के लिए यह त्याग कोई नया अभ्यास नहीं था, बल्कि एक आसान खेल था। मगर नरेश की माँ को अपने पति का यह पागलपन कतई पसंद न था। वह बीच-बीच में लड़के के सिर में बंगाल केमिकल (कलकत्ता) का सुवासित तेल डाल देती, शायद नारियल का। खद्दर की मोटी धोती और मोटा कुर्ता उतरवाकर मिल की महीन धोती और नफीस कमीज़ पहना देती। पैसे देकर रतिनाथ का साथ

कर देती, सिनेमा देखने के लिए। यह सब तब होता जब कि दूबेजी गोरखपुर गए होते। नासमझ, जाहिल और दुर्व्यसनी नौकर बड़े घर के लड़के को कभी-कभी बचपन में ही बिगाड़ देते हैं और ऐसा ही नरेश के साथ हुआ था। एकांत और सहशैया का परिणाम यह हुआ कि रतिनाथ अपने को बहुत दिनों तक रोक नहीं सका, उस लड़के के साथ उसका अप्राकृतिक संबंध स्थापित हो गया।

मुजफ्फरपुर के प्रख्यात व्यापारी रायबहादुर श्री ललितकिशोर शरण प्रकट रूप से वैष्णव और प्रच्छन्न रूप से सखी-समाजी थे। बहुत सारे सुंदर छोकरों में से छाँट करके तीन उन्होंने अपने यहाँ रख लिए थे। उन्हें राम, लक्ष्मण और सीता के रूप में पूजते थे। रायबहादुर की यह उत्कट सखी-भावना जब उत्तर बिहार के कतिपय बुद्धिजीवियों में अंदर-ही-अंदर फैलने लगी, तो दूबेजी भी उस ओर आकृष्ट हुए। शायद इसीलिए रतिनाथ और नरेश का जोड़ा उनकी आँखों को एक प्रकार की परितृप्ति देता था। पढ़ने में तेज़ थे, इसलिए रतिनाथ पर किसी को किसी प्रकार का संदेह क्यों होता?

नरेश की घड़ी, चश्मा और अच्छी पेंसिल देख-देखकर रतिनाथ का मन मचल उठता। चुराने की इच्छा होती मगर छिपाकर रखने की कोई दूसरी जगह तो थी नहीं, इससे वह इच्छा ज्यों-की-त्यों रह जाती। घूम-फिरकर उसकी तमाम उच्छृंखलताएँ आखिर एक ही उच्छृंखलता में केंद्रित हो गईं। वह, बतला ही चुके हैं, अप्राकृतिक व्यभिचार के फंदे में पड़ गया। यह चस्का रत्ती का इतना बढ़ा कि विद्यालय के हमउम्र या छोटे लड़कों पर उसकी भूखी आँखें अक्सर मँडराती रहतीं। उसे ख्याल आता कि पाठशालाओं और विद्यालयों में लड़कों के साथ लड़कियाँ भी पढ़ने आतीं तो कैसा रहता!

आठ-दस दिन पर वह जयकिशोर के बासे पर जाया करता। मामी उसे खूब मानती थीं। उनकी राय नहीं थी कि रतिनाथ ज़मींदार के यहाँ जाकर रहे। मगर जयकिशोर ने अपनी पत्नी को जब समझाया कि यहाँ तुम्हारे बच्चों की चहचह-चुहचुह में उसकी पढ़ाई ठीक से नहीं होगी तब रूपरानी मान गईं। फिर भी जब-जब खास किस्म का कोई खाना बनता तो वह रत्ती को बुलवा लेतीं। जिस दिन मछली पकाई जाती उस दिन तो ज़रूर ही। रत्ती को मछली खाने का बड़ा शौक था। शुभंकरपुर में एक छोटे-से पोखर का वह पट्टीदार था ही, बचपन से ही छोटी-बड़ी मछलियों का स्वाद उसे मालूम था। वहाँ, विधवा होने के कारण चाची के लिए मछली-मांस अखाद्य था और इसीलिए जयनाथ और रतिनाथ ही

थे कि पानी-फल (मछली) का भोग लगाते। हाँ, चाची यत्नपूर्वक मछलियाँ तलती अवश्य कि रतिनाथ और जयनाथ मन से खाएँगे। यहाँ दूबेजी जब से वैष्णव हुए थे तब से परिवार भर को निरामिषाहारी बनने का सत्याग्रह कई बार कर चुके थे। दो-चार दिन के लिए जब वह बाहर जाते तभी उनके यहाँ मछलियाँ पकतीं और नरेश की माँ का जी भरता। ज़मींदार बाबू स्वयं पचपन साल की अवस्था तक मछली-मांस का स्वाद ले चुके थे और अब जाकर रायबहादुर ललितकिशोरी शरण की छत्रछाया में कंठी बाँध आए थे। कंठी क्या थी? तुलसी-काठ के खरादे हुए मसूर जैसे दाने थे, उन्हीं को गूँथकर बनाया हुआ कंठहार था। परंतु संस्कार क्या कम प्रबल होता है? बाबू साहब को जब कभी ललमुँहा रोहू का स्वाद याद आता तो बाज़ार चले जाते, मछली बेचनेवालों के इर्द-गिर्द चार चक्कर लगा आते–सट्टी की मत्स्यगंधा आबोहवा उन्हें तृप्त कर देती। एक दिन किसी साथी ने दूबेजी की चुटकी ली तो आप बोले, "भाई, इतना भी नहीं करने दोगे? खाना तो मछली का छूट ही गया, कहो तो अब नाक भी काट लूँ।"

उस दुर्गापूजा की छुट्टियों में न जयकिशोर घर गए न रतिनाथ। रतिनाथ को तो मोतिहारी ऐसी मनलग्गू जगह मालूम हुई कि सपने में भी उसे घर जाने की इच्छा न होती। साथी भी कई मिल गए थे। हाँ, चाची की याद आती तो क्षण-भर के लिए उसका दिल झनझना उठता। बीच में दो-एक खत शुभंकरपुर से आए थे ज़रूर मगर उनमें कोई बात नहीं थी।

विजयादशमी के रोज बेतिया में बहुत भारी मेला लगता है। गाय, बैल और घोड़े खूब बिकते हैं। ज़मींदार बाबू प्रति वर्ष मेले में जाते थे। इस बार गाड़ी के लिए बैलों का जोड़ा उन्हें खरीदना था। साथ में नरेश, रतिनाथ, दो नौकर और रसोइया गया।

22

उस साल (1347 फसली) का सावन शुभंकरपुर के लिए मौत का पैगाम लेकर आया। मलेरिया का ऐसा प्रकोप उस इलाके में इससे पहले शायद ही हुआ हो। लोग पटापट मरे। मवेशी तक न छूट पाए। भोला पंडित उन्नीस दिन तक बुखार में उबलकर स्वर्ग सिधार गए। दम्मो फूफी भी इस बीमारी के चपेट में आ गईं। डॉक्टर, वैद्य कोई काम न आया। काम आई उमानाथ की माँ। बेचारी ने जी-जान से सेवा की फिर भी दमयंती न बची तो इसमें किसका दोष? फूफी की सारी जायदाद भतीजे के हाथ लगी।

जयनाथ भागकर बड़हड़वा चले गए। चाची को भी दो दिन का बुखार आया मगर वह शीघ्र ही ज्वरमुक्त हो गई। छोटे-बड़े सौ से कम नहीं मरे होंगे। सरकारी सहायता तब पहुँची जब सत्तर के करीब लोग मर चुके। कुनैन की टिकियाँ बँटी थीं, किंतु गरीबों को वह मुश्किल से ही मिली थीं। तुलसी का काढ़ा पी-पीकर आखिर कब तक लोग मलेरिया का मुकाबला करते?

ताराचरण ने बड़ी कोशिश की कि जिले और थाने के कांग्रेसी अधिकारियों से इस मामले में कुछ करवाएँ, मगर अभी अंतर्राष्ट्रीय घटनाओं की तुलना में नेताओं के लिए इन बातों का क्या महत्त्व था? यह वे दिन थे जब कि हिटलर आधे से अधिक यूरोप को जीत चुका था और गाँधी कोई नया कदम उठाना चाहते थे।

लोगों का कहना था कि भूकंप (1934) के बाद देश की आबोहवा बदल गई है। नदियाँ, तालाब और पोखर उथले हो गए हैं। उपज कम होने लगी है। मलेरिया का प्रकोप बढ़ गया है, अकाल मृत्यु बढ़ गई है। इधर पैदा होनेवाले बच्चे साँवले नज़र आते हैं। आमों की फसल अब साल-साल नहीं होती।

शुभंकरपुर के इस टोले में चौदह आरतें थीं, उनमें छः को मलेरिया ने लील लिया। दस मर्द थे, अब पाँच ही बच रहे। सन्नो की माँ, दमयंती, जनककिशोरी, जयदेव की बहन और पतोहू, नरेश की माँ—यही छः औरतें मरी थीं। एगारह ब्राह्मणों का जुटना मुश्किल हो गया था कि क्रिया-कर्म करनेवाले का उद्धार होता। परसौनी के महापात्र भी मलेरिया का शिकार हो गए थे। हज्जाम इस गाँव में तीन ही थे, उनमें से दो मर चुके थे। क्रिया-कर्म की कौन कहे, लाश उठाकर ले जानेवाले नहीं थे। पास में कोई बड़ी नदी थी नहीं। हाँ, लकड़ी की कमी नहीं थी। फिर भी सैकड़ों चिताएँ तैयार करने में गाँव-भर की अमराइयाँ ठूँठ हो गईं। छोटी जातवालों को अपनी लाशें बहाने में जीबछ नदी की बाढ़ ने काफी मदद न पहुँचाई होती तो मुश्किल था। कहाँ से बेचारे उतनी लकड़ियाँ लाते?

भागकर जो बाहर जा सकते थे, जा चुके थे। मगर औरतें और बच्चे कहाँ जाते? मुसीबत का यह पहाड़ उन्हीं पर अधिकतर गिरा। सौभाग्य से रतिनाथ और उमानाथ बाहर थे, चाची को अपनी परवाह नहीं थी। जयनाथ श्रावणी पूर्णिमा से चार दिन पहले ही भाग चुके थे। आँगन में और कोई नहीं था। दिन तो खैर जैसे-तैसे कट जाता मुदा रात का कटना पहाड़ हो जाता। एक तो यों ही ये लोग गाँव के छोर पर थे, तिस पर जयनाथ का आँगन बिलकुल अलग था। वह छोर की पूँछ पर था। छिद्रों में हवा भर जाने के कारण जब सूखे-अधसूखे बाँस रात-बिरात बेतुकी तान अलापने लगते, तो चाची का हृदय काँपने लगता। बेचारी साफ देखती कि अँधेरी रात में भैंसे पर सवार काले-कलूटे यमराज आग बरसाती अपनी लाल-लाल आँखों से उसे घूर रहे हैं। तब उसे अपने विजन का वह बाल साथी—रत्ती याद आता। घोर एकांत के इन दारुण क्षणों को चाची उस लड़के से चिपटकर जाने कब से फटकारती आई थी और अब वही सहारा पचासों कोस दूर हट गया था! उदास देखकर चाची के कंधे पर या पीठ पर रतिनाथ जब अपने हाथ रख देता तो असमर्थता या अनाथपन की उसकी भावना खटाई पड़े दूध की तरह फट जाती। वह महसूस करती कि एक ऊर्जस्वी पुरुष का क्षमताशील हाथ पीठ पर है; लड़का है तो क्या हुआ, मर्द तो है।

चार-छः महीने बड़ी मुश्किल से कटे। कभी-कभी तो ढिबरी जलाकर रात-रात भर चाची चर्खा ही चलाती रहती। दिन में बहुधा ताराचरण की माँ आ जातीं या कोई और। चाची की पिछली भूल-चूक का लेखा लेनेवाला अब कोई रह नहीं गया था। गरीबी और मलेरिया ने लोगों की कमर तोड़ दी थी। लड़ाई

की तेजी के साथ अनाज का भाव भी चढ़ता जा रहा था। चाची के हाथ में पैसे थे, बेसाह खरीदकर चावल, मकई, अरहर सब कुछ वह मँगाती थी। ताराचरण की खेती काफी थी। साल-भर का सारा खर्चा उसका उसी से निकलता था। चाची ने कभी अपने लड़के को रुपए-पैसे के लिए नहीं लिखा। जब लिखा तब यही कि खाने-पीने में कंजूसी नहीं करना। अपने शरीर का ख्याल रखना। सौ रुपए पिछले छः महीनों में चाची ने बचा लिए थे। कोकटी की रुई खरीदकर उसने दो सेर सूत इसलिए काता कि दोनों लड़कों की चादरें और कुर्ते का कपड़ा बुनवा लेगी।

जयनाथ का महाजन बनने का उत्साह शांत हो चुका था। दो सौ रुपए डूब गए थे। बाकी भंग, माजून, घी, दूध, मछली, मांस और प्रेयसी के पीछे लग रहा था। आजकल आप बड़हड़वा चले गए थे। वहाँ भांजे अपने एक पट्टीदार से मुकदमा लड़ रहे थे। मामूली पैरवी के लिए भी भागलपुर दौड़ना उन अमीरजादों को अखरता था। ऐन वक्त पर उन्होंने अपने लायक मामा को याद किया। आतुर गजराज की पुकार पर शेषशय्या छोड़कर और लक्ष्मी को समझा-बुझाकर नारायण भी उतनी फुर्ती से नहीं दौड़े होंगे जितनी फुर्ती से जयनाथ बड़हड़वा पहुँचे। प्रेयसी को पाँच रुपए का एक नोट थमा और उमानाथ की माँ को सौंप दिया घर-आँगन, चल पड़े। दुतरफा झोला कंधे से लटक रहा था। भगवान् (शालिग्राम) इस बार साथ जा रहे थे। जाते-जाते उन्होंने चाची से कहा–"कृष्णाष्टमी तक अवश्य लौट आऊँगा, बाबा (वैद्यनाथ) पर जल ढारना है। और तो कोई काम है नहीं। तुम किसी बात का अंदेशा मत करना...।"

चाची ने कहा था, "बाबू, जल्दी की क्या बात है? समूचा गाँव भट्ठी पर चढ़ा हुआ है। देखते हो, लोग मलेरिया के मारे तबाह हैं। क्या करने आओगे अभी? कृष्णाष्टमी क्या और जगहों में नहीं होती? हम तो ठहरीं लाचार, तुम्हारा क्या है? जहाँ धड़ तहाँ घर!"

इस बात का जयनाथ ने प्रतिवाद किया था–"नहीं-नहीं, उमानाथ की माँ, कहीं क्यों न हों, जी तो हमारा यहीं टँगा रहता है! घर है बार है, बाप-दादों की जायदाद है। टोल-पड़ोस, जान-पहचान, चीन्हा-परिचय क्या-क्या नहीं है? सबकुछ तो अपना यहीं है...उमानाथ की माँ, ऐसा मत समझना कि जयनाथ को इस मिट्टी का मोह नहीं है...।"

अंत में उसका गला भर आया था और झुककर आँगन की भूमि में से एक चुटकी मिट्टी उसने उठा ली थी। उसमें से ज़रा-सा तो जयनाथ ने कपार में लगा

लिया था और बाँध लिया था चादर की खूँट में। उस दिन देवर का वह अपूर्व भावावेश देखकर उमानाथ की माँ का सारा शरीर सिहर उठा था! जयनाथ का वह रूप आज तक उसने नहीं देखा था। उत्तरदायित्व की भावनाओं से शून्य, मेहनत-चोर, आवारा, कृतघ्न, कठोर, झूठा—जयनाथ यह नहीं तो और क्या थे? ऐसे मनुष्याभास के हृदय में भी कहीं अपनी पितृभूमि की मिट्टी के प्रति इतनी ममता हो सकती है? हाँ, हो सकती है। अपने देवर का भरा हुआ गला और डबडबाई आँखें चाची के सामने थीं। यह सबकुछ किसी निपुण अभिनेता का असंभावित कौशल नहीं, बल्कि प्रत्यक्ष वास्तविकता थी।

सचमुच इस बार जयनाथ बड़हड़वा में रम गए। उनका नित्य-कृत्य था सुबह उठकर शौच आदि से निबटना फिर भाँग छानना। दस बजे स्नान-पूजा। ग्यारह बजे भोजन। उसके बाद घंटा-भर मनोयोगपूर्वक देशी सरौते से कतर-कतरकर सुपारी फाँकते जाना और साथ ही बातें भी लड़ाना। बारह से चार बजे तक सोना। छः तक फिर भंग-भवानी की आराधना। आठ तक भांजों के इस्टेट का काम। नौ बजे भोजन। उसके उपरांत दिवंगत बहनोई की छोटी भ्रातृ-वधू से नर्म-आलाप। वह बाल-विधवा बड़ी हँसोड़ तबीयत की थी और जयनाथ के लिए जान देती थी। कहने के लिए एक-दूसरे के लिए भाई-बहन थे, परंतु उनका आपस के संपर्क का क्षण दो संतप्त प्राणियों के चिरवांछित मिलन का मधुपर्व ही था। सुमित्रा बहन का वैधव्य नैष्ठिक ब्रह्मचर्य का उज्ज्वल प्रतीक था। उनकी कोख से यही एक मात्र कमलाकांत उत्पन्न हुए थे। बाईस साल हुए, पति के देहांत के बाद कभी सुमित्रा ने रंग-बिरंगी या पाढ़वाली साड़ी नहीं पहनी। न पान खाया, न दाँतों में मिस्सी लगाई। गहने पतोहुओं को दे दिए। मेले के दिनों में गंगा या और तीर्थों में नहीं गई। मार्कीन की पतली धोती, गले में बारीक रुद्राक्षों की माला, कपार पर गंगौट (गंगा की मिट्टी) का ठोप—यही उनका भेस था। अकेले में किसी ने मर्द से बातें करते उन्हें कभी नहीं देखा। बहुत कम बोलती थीं, सो भी ज़मीन-जायदाद या घरेलू मामलों की गुत्थियाँ सुलझाने के लिए ही। अब तो खैर लड़के बालिग हो गए थे। उन्होंने गृहस्थी का भार भलीभाँति सँभाल लिया था। फिर भी एक सतर्क निरीक्षक की भाँति सुमित्रा की दृष्टि सदैव अपने पुत्रों पर रहती। एक कमलाकांत था और कई सौतेले थे। व्रत, उपवास और नियमित आहार से सुमित्रा ने स्वास्थ्य को अपने काबू में कर लिया था। मधुर वाणी और सरल व्यवहार से वह स्वजन-परिजन, नौकर-चाकर और खबास-खबासिन, सभी की श्रद्धा का पात्र

बन गई थी। इस प्रकार तिरहुत और शुभंकरपुर का नाम उसके कारण उज्ज्वल हुआ था। बहन ने बड़ी कोशिश की कि भाई आदमी बने, पर वह नहीं सुधरा। जयनाथ को काफी ज़मीन देकर बड़हड़वा में ही अलग बसाने की सुमित्रा की इच्छा थी, किंतु वह पूर्ण न हुई। इसमें जयनाथ का ही दोष था। वह शादी करने के लिए तैयार नहीं हुआ। दो साल तक पड़ोस की एक लड़की को सुमित्रा अपने भाई के लिए रोके रही, मगर 'यहाँ न लागहिं राउर माया!'

इस बार भी सुमित्रा की देवरानी ने ही छल-बल से जयनाथ को बुलवाया था। प्रेमी या तो अविवाहित हो या फिर विधुर। वैसी स्थिति में प्रेमिका को सहूलियत रहती है। देवरानी का नाम था चंद्रमुखी। धनी माँ-बाप की लाड़ली बेटी 'फुदनी' ससुराल में चंद्रमुखी क्यों कहलाई? इसका रहस्य उसके सौंदर्य की अब तक अकंपित दीप-शिखा में निहित है। विधवा हुई तो क्या हो गया? मछली-मांस छोड़कर और सभी वस्तुएँ वह खाती है। बचपन से ही छटाँक-भर घी, आधा पाव मलाई रोज खाती आई है। काँच और लाह की न सही, सोने-चाँदी की चूड़ियाँ पहनने से कौन उसे मना करेगा? खान-पान, ओढ़न-पहिरन सभी में चंद्रमुखी बदलती ऋतुओं के मुताबिक रुचि वैचित्र्य का ध्यान रखती थी।

चंद्रमुखी से पेट भर गप-शप कर चुकने पर जयनाथ दालान के उस खंड में सोने आते जो हवेली से संबद्ध था। सोने से पहले वह दो-चार श्लोक गुनगुनाते और अँधेरे में बिस्तरे पर बैठे-बैठे ही बटुए से निकालकर दस-दस रुपएवाले पंद्रहों नोट गिन लेते। यही डेढ़ सौ बच रहा था। यह आमदनी की जगह थी, इसीलिए खर्चा नहीं पड़ रहा था। छूते-टटोलते अब पंद्रहों नोट जयनाथ की उँगलियों से ऐसे परिचित हो गए थे कि कोई ज़रा भी हेर-फेर या कमोबेश उनमें करता तो वह ज़रूर ही जान जाते।

तीन-चार रुपए प्रति माह वह रतिनाथ को मनीआर्डर भेजते थे। इसके लिए किसी ने उससे कहा नहीं था। स्वतः ही यह बात उनके दिमाग में बैठ गई थी कि लड़का परदेस में है। कभी कोई खास चीज़ खाने-पीने का मन करेगा तो किससे कहेगा? यों भी हाथ में चार पैसे रहेंगे तो दिल मजबूत रहेगा।

रत्ती महीने में एक खत बाप के नाम डालता था। एक खत चाची को भी भेजता था। कभी-कभी उसका हृदय अपने गाँव के लिए रोता था। बागो याद आती। सत्तो याद आता। वह कई बातों में रत्ती का गुरु था। तैरना और पेड़ पर चढ़ना उसने सत्तो से ही सीखा था। रोने की तालीम भी रत्ती को उसी उस्ताद

से मिली थी।

उम्र में दो महीने का छोटा होने पर भी सत्तो इन्हीं कारणों से रत्ती का गुरु था। अपने इस प्रिय साथी की याद रतिनाथ को बहुत सताती। दूसरा नंबर था बागो का, मगर अब उसका ब्याह हो चुका था, इससे उसके प्रति थोड़ा बिलगाव और बेगानापन अनुभव करना अस्वाभाविक नहीं था।

जाड़े के दिन आए। रत्ती ने अपने मन को पढ़ने में लगाया। रात में बड़ी देर तक वह जागता रहता। यह जागरण उपन्यासों की सैर के लिए नहीं, पाठ्य-पुस्तकों के लिए था। होली तक उसने मध्यमा का कोर्स पूरा कर लिया। उसके बाद वह हिंदी के पीछे लगा। गर्मियों के दिन आते-आते कुछ अंग्रेज़ी भी उसने सीख ली थी। इसके अलावा संस्कृत से हिंदी और हिंदी से संस्कृत करने में जो विशेष योग्यता वह हासिल कर सका, इसका सारा श्रेय जयकिशोर बाबू को ही देना चाहिए।

बेतिया रतिनाथ को मोतिहारी से अच्छा लगता था। इस बीच में कई बार वहाँ से वह हो आया था। वहाँ की प्राकृतिक शोभा और वातावरण उसे दरभंगा जैसा ही लगता था, मगर जिला स्कूल तो मोतिहारी में ही था। रतिनाथ की इच्छा से तो नरेश बेतिया नहीं आ-जा सकता था। दूबेजी का सुनहला पिंजड़ा उसे अब अच्छा नहीं लगता। नरेश की रुचि पढ़ने-लिखने की ओर थी नहीं। बाध्य होकर रत्ती को उसके साथ ताश, कौआठुट्ठी, मोगल-पैठान और बाघगोंटी खेलना पड़ता। यह ठीक है कि अपरिग्रह का बंधन अब बिलकुल शिथिल हो गया था और सुवासित तेल-साबुन का व्यवहार, ताम्बूल-सेवन, नृत्य, गीत, वाद्य, नाट्य आदि का दर्शन-श्रवण, चर्व्य-चोष्य-लेह्य का आस्वादन नरेश ने आरंभ कर दिया था, परंतु रतिनाथ का हृदय इन बातों को अपनी पढ़ाई का अंतराय समझता था। अपने पूर्वज नीलमाधव उपाध्याय का नाम उसे इस प्रवाह में अपने को समा देने से रोक रहा था। उसने सोचा—क्या है, इनके लिए यही विद्या है, यही पढ़ाई है। नरेश और उनके बाप (दूबेजी) की ज़रा-सी छींक पर चुटकी बजाकर 'चिरंजीव' कहनेवाले, इनकी कलाई पर रक्षासूत्र बाँधनेवाले पचासों नहीं, सैकड़ों निकल आएँगे। मगर, हमें कौन पूछेगा? इस उमर में चार अच्छर पढ़ नहीं लिया, तो ज़िंदगी-भर इन्हीं की जूतियाँ हमारी इष्ट-देवता बनी रहेंगी।

23

सौराठ की सभा उस साल बैसाख के ही अंत में हुई थी। उमानाथ की शादी पंडौल स्टेशन से पाँच कोस पश्चिम महनौली के एक खेतिहर बाभन की सयानी लड़की के साथ हो गई। सिर्फ दो घंटे लगे, बात पक्की हो गई। उमानाथ का यह ब्याह इतना चटपट तय हो जाएगा, किसे पता था? (सौराठ में यही तो होता है। हज़ारों विवाहार्थी इकट्ठे होते हैं। कन्याओं की तरफ से उनके अभिभावक बड़ी तादाद में जमा रहते हैं।) सभा में यदि कन्याएँ भी शामिल होतीं तो स्वयंवर का यह विराट् पर्व न केवल भारत-भर में परंतु संपूर्ण विश्व में अद्वितीय कहलाता। तब सोनपुर के प्लेटफार्म और हरिहर क्षेत्र के मेले की तरह सौराठ की यह विवाह-सभा भी मशहूर हो गई रहती। (यद्यपि अपनी मौजूदा स्थिति में भी ब्राह्मणों का यह वैवाहिक मेला अनुपम है।)

चौदहवीं सदी में कर्णाटवंशीय राजा हरिसिंह देव मिथिला के शासक थे। उनके राजत्वकाल में, एक जनश्रुति के अनुसार, किसी अभिजात ब्राह्मणी पर व्यभिचार का आरोप लगाया गया। राजसभा में वह खड़ी की गई। हाथ में पीपल का पत्ता और उस पर आग रखकर धर्माध्यक्ष ने उससे कहलवाया—“चाण्डाल से कभी मेरा संपर्क नहीं हुआ, अगर हुआ तो इस आग से मेरा हाथ जल जाए।” तीन बार ब्राह्मणी ने कहा। हाथ जलने लगा। तब पंडितों का दिमाग चकराया। उन्होंने सोचा--इसके विवाह-संबंध की छानबीन करनी चाहिए। कदाचित् इसका पति ही दूषित विवाह-संबंध के कारण चाण्डाल की कोटि में आ गया हो...ब्राह्मणी और ब्राह्मण--दोनों के मातृकुल तथा पितृकुल का लेखा-जोखा हुआ। (बाप की तरफ से सात पुरखा और माँ की तरफ से पाँच पुरखा तक यदि कुछ लगाव रहा तब तो शादी नहीं होनी चाहिए। कन्या और वर, दोनों के पुरखों की छानबीन

की जाती है तब जाकर ब्याह होता है) उन दोनों की शादी के समय इस गणना में कुछ गड़बड़ हो गई थी। पक्का सबूत मिल जाने पर धर्माध्यक्ष ने फिर उस ब्राह्मणी के हाथ पर आग रखवाई और कहलवाया, "पति को छोड़कर यदि किसी दूसरे से मेरा लैंगिक संपर्क हुआ हो, तो यह हाथ जल जाए।" इस तरह करने से ब्राह्मणी का हाथ नहीं जला।

इस घटना के उपरांत राजा हरिसिंह देव को इस बात की बड़ी चिंता हुई कि मिथिला के ब्राह्मणों का आभिजात्य कैसे सुरक्षित रहेगा। साथियों से परामर्श करके तत्कालीन ब्राह्मणों का उन्होंने पंजा (ब्यौरेवार सूची) तैयार करवाई। (विद्या, आचरण, कुलीनता आदि का विचार करके बनवाई हुई ब्राह्मणों की अनुक्रमणिका समयानुसार बढ़ती ही गई। प्रत्येक नवजात ब्राह्मण-कुमार का नाम पंजीकार लोग आज भी अपनी अनुक्रमणिका में लिख लेते हैं।)

इससे हुआ यह कि शादी-ब्याह में ब्राह्मणों को सहूलियत होने लगी। ब्राह्मणों की ऐसी सिलसिलेवार फेहरिस्त भारत-भर में और कहीं नहीं है। पंजीकार लोग इन छः सौ वर्षों तक निर्लोभ और तटस्थ रहकर यह काम करते आए हों सो बात नहीं। कुलीनता बनाम आभिजात्य विनिमय, क्रय, विक्रय आदि का प्रामाणिक इतिहास अभी काल के गर्भ में छिपा रहे, यही अच्छा। वह भी इन्हीं लोगों का शासन था कि रतिनाथ के नाना की दस विषमताएँ थीं। जयनाथ के परदादा ने इक्कीस शादियाँ की थीं। तिब्बत में जैसे बहुपति-प्रथा अभी तक जायज और जीवित है, उसी तरह रतिनाथ की मिथिला में बहुपत्नी-प्रथा जायज और जीवित है।

सौराठ इन लोगों का बड़ा बाज़ार है।

मगर, अब ज़माना बहुत बदल गया है। कुलीनता ही काफी नहीं थी, उमानाथ दरिद्र था। उसके बाप और दादा भी दरिद्र थे। उसकी शादी की बात इतनी चटपट जो तय हुई उसका श्रेय ट्राम कंपनी की नौकरी को था। उमानाथ आजकल चालीस पा रहा था। अंग-अंग से जवानी झाँक रही थी। लगता था कि हरौती बाँस का कोंपल सर्र से बढ़ आया और अब उसमें से कड़चियाँ फूटने ही वाली हैं। पतला-छरहरा। क्या ही खूबसूरत किल्होर था! फिर भी दो सौ रुपए देने पड़े। जयदेव व जयकिशोर ने अभिभावक का काम किया। पंजीकार वीरभद्र मिश्र ने लाल-पत्र पर सिद्धांत लिख दिया। उन्हें दो रुपए उसकी लिखाई मिली। यह रकम कन्यावाले ने दी थी क्योंकि उसका वंश कुछ निम्न कोटि का था।

जयदेव और जयकिशोर बारात में गए। तीसरा स्वयं उमानाथ था। अगले दिन से अतिचार पड़ता था। शुभ लग्न का अंतिम क्षण दोपहर रात तक ही था। जैसे-तैसे सब महनौली पहुँचे। सौराठ से छह कोस पच्छिम।

यह देखकर महनौलीवाले खूब खुश हुए। कन्या के बाप का नाम था—नंद झा। लोगों ने कहा, "नंद का यह काम अच्छा सुतरा। पैसे भी मिले, पात्र भी मिला। लड़की जाएगी तो उसे बरगद की छाँह मिलेगी। कमासुत पति मिलेगा, मुसम्मात सास मिलेगी और क्या चाहिए?"

आँगन में औरतों ने कमीज, कोट और बनियाइन खुलवाकर उमानाथ को गहरी निगाह से देखा। एक मुँहफट खबासिन बोली—"आँख मूँद लो भैया, धोती भी खुलेगी।"

"आ, तू ही खोल दे," अधेड़ उम्र की एक औरत ने अपनी छोटी आँखें नचाकर उससे कहा, वह अप्रतिभ हो गई। उमानाथ को ट्राम कंपनी का वह बंगाली डॉक्टर याद आया जिसके सामने इसी भाँति कपड़े खोलकर खड़ा होना पड़ा था। उस दिन भी पसीना निकल आया था और आज भी। फर्क यही था कि उस दँतटुट्टे डॉक्टर ने फोते टटोलकर देखा था, इन औरतों ने वैसा कुछ नहीं किया। एक बुढ़िया ने आगे बढ़कर पूछा—"कुछ पढ़ा-लिखा भी है?"

"ज ज ज ज्योतिष...थोड़ा..." उमानाथ के मुँह से पूरा वाक्य नहीं निकला। उसका दिल बेहद धड़क रहा था। तब तक पुरोहित ने उधर से आवाज़ दी—"सिंदूरदान का मुहूर्त निकट आ गया। आप लोग जल्दी करें।"

धोती बदलकर उमानाथ पुरोहित के पास, वेदी के निकट पहुँचा।

कई प्रकार के विधि-व्यवहार होते-हवाते कन्यादान जब संपन्न हुआ तो रात ढल चुकी थी।

अगले दिन जयदेव और जयकिशोर ने वधू का मुँह देखा। चार-चार रुपए मुँह-दिखाई दी। लड़की का स्वस्थ, सुंदर चेहरा देखकर दोनों खूब प्रसन्न हुए और भगवान् से प्रार्थना की, बहू जैसी रूपवती है वैसी ही सुशील निकले।

उसी दिन दोपहर को वे दोनों चल पड़े। नंद झा ने दोनों को दो-दो धोतियाँ और चार-चार रुपए विदाई में दिए। रुपए लौटाकर धोतियाँ इन लोगों ने रख लीं।

शाम तक दोनों शुभंकरपुर पहुँचे। उन्हें लाल धोती पहने देखकर लोग समझ गए कि उमानाथ का विवाह निर्विघ्न संपन्न हो गया।

चाची को यह शुभ समाचार कल रात ही मिल चुका था। सौराठ से जो लोग

लौटे थे, उन्होंने ही आकर कहा था।

कुल जमा तीन सौ लेकर उमानाथ कलकत्ते से घर आया था। माँ को शक था कि इस बार काम होगा। इसी से पहले इस शुभ समाचार को चाची ने मज़ाक ही समझा। मगर गुलाबी रंग में रँगी धोती पहने जयदेव और जयकिशोर आकर जब सामने खड़े हो गए तो खुशी से उसकी आँखें डबडबा आईं। जयकिशोर को प्रणाम करते समय उसके हाथ काँपने लगे।

जयदेव ने मुस्कुराते हुए कहा–"लो उमानाथ की माँ, तुम्हारा काम हमने कर दिया। कब मिठाई खिला रही हो?"

वह भावावेश में थी, चुप रही। जयकिशोर बहन की तरफ से बोले–"खाइए न, अब से आसिन तक कितना खाइएगा?"

(और ठीक ही कहा था जयकिशोर ने। गरीब-से-गरीब सास-ससुर भी नए दामाद को हरेक त्यौहार पर दही, पकवान, चूड़ा, केला, मिठाई, दो-चार चंगेरा भरिया के द्वारा ज़रूर भिजवाता है। संतान की ससुराल से आई सौगात की यह सामग्रियाँ लोग अड़ोस-पड़ोस में बायना के तौर पर बँटवा देते हैं। सबकी मिठाई सब खाते हैं। सबका पकवान सब खाते हैं। शादी के बाद साल-भर तक यही सिलसिला रहता है। सास-ससुर अगर धनी और उदार हुए फिर तो कहना ही क्या?)

जयदेव चले गए अपने घर की ओर। जयकिशोर बहन के साथ आँगन आए। वहाँ और कोई तो था नहीं। शाम की ठंडक में बीच आँगन में ही चाची ने कंबल बिछा दिया। पानी लाकर भाई के पैर धोने ही जा रही थी कि रतिनाथ भी आ गया। वह बलुआहा पोखर पर कबड्डी खेलने गया था। लाल-गुलाबी धोती पहने दो आदमियों को अपने घर के सामने दूर से ही देखा तो खेल से उसका मन उचट गया और भाग आया। आते ही लपककर उसने मामा के पैर छुए। फिर एक ओर होकर बैठा।

भाई के पैर धोते-धोते चाची बोली, "हमको तो भरोसा नहीं था। समय-साल खराब है। चीज़-वस्तु दिन से दिन ऊपर चढ़ती जा रही है...।"

"भगवान् की कृपा!" जयकिशोर ने कहा–"सारी बातचीत मिनटों में तय हो गई। रत्ती तो गया ही नहीं था। नहीं तो यह भी इस समय कहीं ससुराल में ही होता।"

शर्म से रतिनाथ की कनपटी सुर्ख हो गई, मामा ने अपनी आँखें उसके चेहरे

पर गड़ा दीं और बोले–"इसी डर से यह सौराठ गया तक नहीं। है न रे!"

संकोच के मारे रतिनाथ की गर्दन टूट रही थी। चाची ने इस अवग्रह से उसे छुटकारा दिलाया। उसने कहा–"जाओ बेटा, बूढ़े राउत को समझाकर कहना कि मामा बहुत थके हैं। रात में आकर मालिश कर जाएँ।"

रत्ती झटककर आँगन से निकल गया।

चाची पंखा ले आई थी। झल रही थी। जयकिशोर ने कहा–"दो सौ देने पड़े मगर काम अच्छा हुआ। लड़की सयानी है। खूबसूरत तो है ही।"

भाई के एक-एक शब्द को चाची मानो पी रही थी। उसका रोम-रोम कंटकित हो रहा था। जाने कितनी मुसीबतें झेलकर उमानाथ को उसने पाला-पोसा था। कितना कष्ट, कितनी तपस्या इस लड़के के लिए उसने की थी। आज उमानाथ ने शादी की, कल बहू आएगी। परसों चाची ज़रूर ही पोते का मुँह देखेगी...वह सुख-स्वप्न में डूबने-उतराने लगी। हाथ में पंखा था, कब उसका डुलना रुक गया और बाँह निश्चेष्ट होकर घुटने से आ लगी और कब फिर कम्पित चेतना की संधि के किसी क्षण में बाँह अपने आप हिलने लगी और पंखा फिर चलने लगा, चाची को पता नहीं। ध्यान उसका तब भंग हुआ जब एक बार पंखा कंबल के छोर से ज़रा छू गया।

जयकिशोर एक नहीं, दसों दफे शुभंकरपुर आ चुके थे। सब देखा-सुना था। ब्याह के बारे में साधारण बातें कह चुकने पर दिशा-फराकत के लिए लोटा लेकर बलुआहा की ओर निकल गए। चाची रसोई में लगी। जयदेव ने लोटा-भर दूध भेज दिया था। उनकी दो भैंसें दुधारू थीं। दूध-दही के लिए शुभंकरपुर मरुस्थल था। मेहमान आ जाने पर अच्छे-अच्छे गृहस्थ तक गोरस के अभाव में निर्लज्जता का अनुभव करते थे।

जयनाथ अभी तक बड़हड़वा में ही थे। शुभंकरपुर में उनके लिए कोई आकर्षण तो था नहीं। जायदाद बेच-बूचकर स्वाहा कर गए थे। रतिनाथ अब अच्छी तरह समझ गया था कि महादरिद्र तो हूँ ही, पढूँगा नहीं तो बुरी गत होगी। इसलिए प्रतिदिन चार-छै घंटे वह अपनी पाठ्य-पुस्तकों से चिपटा रहता। हाँ, गाँव में कभी-कभी मन ऊब उठता तो मोतिहारी का वह छोटा-सा पुस्तकालय ध्यान में आ जाता। यहाँ ताराचरण के पास 'आज' बराबर आता था, उससे थोड़ा कुछ मनोरंजन हो जाता। परंतु उपन्यास पढ़ने की चाट पड़ चुकी थी, इसका क्या उपाय हो?

पोखर में उस दिन मछलियाँ पकड़ी गई थीं। मल्लाह आए थे। केले के थंभों पर तख्तपोश डालकर उसे मज़बूती से बाँध दिया गया था। वही फिर अच्छी-खासी नाव हो गई। तख्तपोश दम्मो फूफी की थी। आठ हाथ लंबी और छह हाथ चौड़ी। पोखर के बीच में उसे हेला दिया। चारों मछुए जाल लिए हुए उस पर सवार थे ही। समूचे तालाब में घूम-घामकर वे जाल फेंकने लगे। भाकुर, ब्वारी, रोहू, भुनचट्टी, सौरा, नेन--किस्म-किस्म की मछलियाँ पकड़ी गई थीं। रत्ती को तीन फरीक का हिस्सा दस सेर का एक रोहू मिला था। अट्ठारह में से तीन भाग। एक हिस्सा कमलनाथ का, जो रामगंज में बस गए थे। एक भाग चाची का। तीसरा भाग अपना। रिवाज़ यह था कि मछुए तीन में से एक भाग, तेहाई, के हकदार हों। इसके मुताबिक उस दिन उन्होंने कुल नब्बे सेर (दो मन, दस सेर) मछलियाँ मारी थीं। तीस सेर उनकी मजूरी हुई थी। साठ सेर पोखर के मालिकों का हुआ था। दमयंती, भोला पंडित आदि तीन और थे जो चार-चार, छह-छह पट्टियों के हकदार थे। पोठी, झिंगा या इंच्चा जैसी छोटी-छोटी मछलियाँ कभी मारी जातीं। दो सेर होने पर भी अट्ठारह जगह उनका बाँट-बखरा होता।

अकेले इतनी बड़ी मछली लेकर चाची क्या करती? पाँच सेर रखकर बाकी उसने जयदेव के घर भेज दिया था। चीरने पर रोहू के पेट से करीब आधा सेर अंडा निकला था, देखने में ठीक पोश्ता-दाना की तरह।

जयकिशोर निबट आए तो भुना हुआ चूड़ा और रोहू के तले टुकड़े तश्तरी में सामने आए। अंडे के बड़े थे। उन्हें यह सुयोग बहुत दिनों पर प्राप्त हुआ था। चार साल पहले जयकिशोर के ससुर मरे थे। वहाँ तेरही के दिन रोहू मछली का पर्याप्त प्रबंध किया गया था। ज़मींदार थे वह, चार पोखरों के मालिक। भला वहाँ की मछलियों का क्या कहना? और इतने दिन बाद आज फिर वही वस्तु आगे आई थी। मोतिहारी में या तरकुलवा में खरीदकर खाना पड़ता था। खरीदकर खाने में यह आनंद कहाँ?

जल-योग कर चुकने पर मालिश का अवसर आया। असल में यह अवसर रात का खाना खा लेने के बाद आया करता है। आप खाकर लेट जाइए। थकावट ज्यादा है। खबास आएगा। हाथ में ज़रा-सी चिकनई (तेल) मखाकर वह आपके पैरों से शुरू करेगा, एक-एक नस को मानो दुहता चला जाएगा। पैर, गोड़, टाँग, घुटने, जाँघ, कमर, पीठ, पसलियाँ, गर्दन, कंधे-सिर, माथा, कपार, कनपटी, बाँह, केहुनी, कलाई, हाथ, पंजे--अंग-अंग की नसों को दुह लेगा। पंजे से पंजा लड़ाकर

अँगुलियों के एक-एक पोर को चटकाकर अपने हाथ एक बार फिर आपके पैरों पर ले जाएगा। घुट्टियाँ चाँपकर अँगुलियाँ (पैरों की) चटकाकर कुछ देर तक तलवे रगड़ता रहेगा और अंत में टाँग, जाँघ और कमर में हल्की मुक्कियाँ लगाता रहेगा। तब तक आपकी पलकें झप चुकी होंगी, आप अवश्य ही रेशम की रस्सियोंवाले नींद के झूले पर बेभान हो गए होंगे। इसमें कम-से-कम घंटा-भर तो लग जाएगा।

परंतु जयकिशोर बचपन से ही परदेस रहे। खबासों की इस कला के प्रति उनकी ज़रा भी दिलचस्पी नहीं थी। कल और आज पैदल इतना अधिक चलना पड़ा था कि चूर-चूर हो रहे थे। एक मात्र यही कारण था कि अपना बदन राउत से चँपवाने के लिए वह राजी हो गए। फिर भी इस बूढ़े खबास ने अपने तईं कोई कसर न रखी। जयकिशोर की आँखें लग ही गईं।

ताराचरण की माँ, जयदेव की चचेरी बहन, शकुंतला, रामपुरवाली और नरेश की भाभी ने आकर तीन मंगल-गीत गाए। चाची का भी मन था, साथ मिलकर गाए। दूसरा लड़का तो है नहीं कि कभी और गाकर मनोरथ पूरा कर लेगी। किंतु बेचारी रसोई में मशगूल थी। फिर भी दूसरे गीत में थोड़ा योग दिया था। जयकिशोर को औरतों की इस मांगलिक गोष्ठी का पता तक न चला, वह सो रहे थे। जाते-जाते रामपुरवाली ने कहा, "अहा, आज कहीं जयनाथ भी यहाँ होते!"

नाक पर उँगली चढ़ाकर और आगे बढ़कर ताराचरण की माँ बोली—"उनका क्या, महनौली में समधी की दालान हो चाहे बड़हड़वावाले बहनोई का दालान हो, कहीं भी बैठा दो, लेकिन भंग और कुंडी-सोटा उनका सही-सलामत रहे...हाँ, यह कहो बहिना, कि कहीं आज बाबू वैद्यनाथ खुद होते तो...।"

चाची ने लंबी साँस ली और पड़ोसिनों को दरवाज़े तक जाकर छोड़ आई।

थोड़े काल बाद रत्ती ने धीरे से उठाया तो मामा उठे। खाना पकाने में चाची ने कुछ लंफलंफा नहीं किया। मछली, भात, अंडे का बड़ा। झोल भी थी और तले टुकड़े अलग से भी थे। जयकिशोर मछली के आगे और किसी भोज्य पदार्थ को महत्त्व नहीं देते थे। हाँ, साथ में जम्बीरी नींबू रहना ही चाहिए। 'जम्बीरनीरपरिपूरितमत्स्यखंडे' की तुलना में मैथिल लोग अमृत तक को तुच्छ समझते हैं। राघव (रोहू) का मूँड़ भी जयकिशोर के ही भाग्य में बदा था। पीठ, पेट, पुछरी, सिर—रोहू के अंग-अंग में पृथक्-पृथक् स्वाद होता है, इससे जयकिशोर अनभिज्ञ नहीं थे। चालीस मिनट लगे होंगे खाने में। भात तो दो ही चार कौर खाए होंगे, रोहू के आगे भात-दाल को कौन पूछता है? मछली पर से दही खाना

अच्छा रहता है, मगर वहाँ तो दूध था। चाची को इस अभाव का खेद अवश्य हुआ।

गर्मी की रात थी। तीनों जने आँगन में ही सोए। चाची को देर तक नींद नहीं आई। कल नहीं, परसों उसे कम-से-कम चार भार तो भेजने ही होंगे, नहीं तो महनौली में लोग क्या कहेंगे? दूध कहाँ से आएगा? केले तैयार कहाँ मिलेंगे? कपड़े और मिठाई तो खैर बाजार से आ जाएँगे। भरिया कौन-कौन जाएगा? राउत एक, बुचिया दो, किसुनी मँड़ड़ तीन और चौथा? बहू के लिए एक-आध गहना जाना ही चाहिए...अच्छा तो है, बाजार से नाक का लौंग मँगवा लूँगी। पंद्रह लगेगा कि बीस?...।

इन्हीं परिकल्पनाओं में जाने कब चाची की आँखें झिंप गईं।

24

गेहुआँ रंग। लंबा कद। फैला हुआ चेहरा। प्रशस्त ललाट। पतले होंठ। बड़ी-बड़ी आँखें। नाक ज़रा चिपटी। पंद्रह-सोलह साल का तरुण। साफ धोती और नीली धारीवाली पीली कमीज पहने जब उसने उस विशाल आँगन में बेधड़क प्रवेश किया तो सूर्यास्त का समय था।

किसी ने उसे नहीं पहचाना। वह भी किसी को पहचान नहीं पा रहा था कि इतने में कुंजी खवास की औरत जनकमनि सिर और कमर पर पानी-भरे दो घड़े लिए पहुँची। आगंतुक का मुँह देखते ही वह उल्लास से चिल्ला उठी–"दइया री दइया! यह तो रत्ती बबुआ है। कितना बड़ा हो गया है।"

तब तक दो मामियाँ सामने घर से दौड़ आईं। नानी बीच आँगन में खजूर की सीतलपाटी पर बैठी थीं, वह भी उठ खड़ी हुईं। उनके हाथ में बाँस की बिजनी थी। गर्मी के मारे सारे बदन में फुंसियाँ निकल आई थीं। बिजनी के बेंट से पीठ खुजलाती हुई वह भी चार कदम आगे आईं।

बड़ी मामी ने रत्ती के हाथ से गठरी ले ली और कहा–"नानी को नहीं पहचाना?"

वृद्धा के पैरों पर धब से पड़कर उसने प्रणाम किया। नानी रो पड़ीं–"भूल गए हमें बेटा?"

अपनी मृत पुत्री की, पुरानी स्मृति इतने जोर से उभर आई कि वृद्धा का गला रुँध गया। वह आगे लपकी और लड़के को छाती से लगा लिया। माथे पर हाथ फेरते मानो संतोष ही नहीं हो रहा हो! वात्सल्य का यह रूप रतिनाथ ने आज तक नहीं देखा था। उसके जीवन में सर्वप्रथम यह रस उड़ेलनेवाली चाची थी। उसको माँ की तो याद तक नहीं है। ननिहाल पूरे दस साल पर आया है...।

ओसारे पर घड़े रखकर जनकमनि भी स्वागत के इस अद्भुत समारोह में शामिल हो गई। मौका पाकर बोली—"और मामियों को परनाम नहीं किया? और मैं? तुम क्या जानो, मैंने तुम्हें साल-भर अपनी छाती का रस पिलाया है...।"

मामियों को अनजाने तो पहले भी वह प्रणाम कर बैठा था, अब जान-बूझकर प्रणाम किया। तब तक नानियों और मामियों की पूरी पल्टन आकर आस-पास खड़ी हो गई। बात यह थी कि रतिनाथ के नाना पाँच भाई थे। अपने और चचेरे कुल मिलाकर सत्रह मामा थे। बारह मौसियाँ थीं। चौदह मामियाँ थीं। सचमुच उसका मातृ-कुल बहुत विशाल था।

नाना रुद्रधर पाठक संत और झक्की स्वभाव के आदमी थे। जयनाथ उनको फूटी आँखों भी नहीं सुहाते। प्रतिदिन तीन पहर तक उनका पूजा-पाठ चलता। उसके उपरांत भोजन। दिन-रात में केवल एक बार। बाल-बच्चे, नौकर-चाकर मिलाकर तिरसठ प्राणियों के उस महान् परिवार के वह कुलपति थे, बारह सौ बीघा ज़मीन के मालिक। चालीस बैल थे, बीस हल। अठारह भैंस। तीन गाय। पाड़ी-पाड़ा, बाछी-बाछा सब जोड़कर अस्सी के लगभग थे। पक्का और बड़ा, चार ओसारोंवाला दालान था। पहियोंवाले पाँच बड़े-बड़े संदूक उन ओसारों पर पड़े रहते थे। दालान से पूरब ज़रा हटकर एक कतार में ग्यारह बखार थे, चिकनी मिट्टी से लिपे-पुते और गोल-मटोल। उन्हें देखकर किन्हीं पंक्तिबद्ध ऐतिहासिक स्तूपों का भ्रम होता था।

रतिनाथ ने उठकर सबको प्रणाम किया। इस समय मर्द एक भी अंदर नहीं था। गोधूलि का समय क्या घर में घुसे रहने के लिए है? दिन के काम से थके और गर्मी से ऊबे गृहस्थ शाम को पोखरों और विरल-वृक्ष बागों की ओर निकल जाते हैं। बूढ़े दालान के आँगन में पड़ी चारपाइयों और तख्तपोशों पर, खुले आसमान के नीचे। बच्चों को अपने बीते दिनों की बातें सुनाना उनके लिए सबसे बढ़कर मनोरंजक काम हुआ करता है। शाम का वक्त मखौलिए नौजवानों और अधेड़ों से पीछा छुड़ाकर वृद्धों को मनोरंजन का यह अवसर प्रदान करता है। वे दिल खोलकर तब बच्चों से कहते-सुनते हैं। सुनते कम, कहते अधिक।

रतिनाथ को संकोच हो रहा था यह पूछते कि नाना अपना कहाँ हैं, मामा कहाँ हैं? और कहाँ इस वक्त उनसे भेंट हो सकेगी? नानियों और मामियों की उत्सुकता, उनका अकृत्रिम वात्सल्य, सहज आत्मीयता—ऐसा लग रहा था मानो किसी अमृतकुंड में उसको आकंठ खड़ा कर दिया गया हो।

अपनी छोटी मामी ने स्नेहपूर्वक उसके पैर धो दिए और अंदर कमरे में ले गई। वहाँ भिगोया हुआ चूड़ा, दही और केले से रत्ती ने जलपान किया। बातें और मौखिक छेड़खानी करके छोटी मामी भगिना बाबू का संकोच काफी हद तक हटा चुकी थीं। रत्ती प्रसन्न बदन होकर कमरे से निकला और दालान पर आ पहुँचा।

नाना को बाल मंडली से अपने दौहित्र के आने की सूचना मिल चुकी थी।

वह दालान के नीचे, आँगन में पड़े एक बहुत बड़े तख्तपोश पर पालथी मारे बैठे थे। आगे, कुछ हटकर एक छोटी चौकी पर पीतल का बहुत बड़ा कलगइयाँ[1] लोटा रखा था। उसी चौकी से टिकाकर बाँस की सुंदर फराठी (फट्टी से तैयार की हुई छड़ी) रखी थी।

नाना के सामने अर्धचंद्राकार बालपरिषद् बैठी थी। वह अनुशासक और प्रवक्ता की तरह परिषद् को कुछ समझा रहे थे।

उनकी देहकांति गौर-श्याम थी। चेहरा गोल था। चौड़े कंधे। तना हुआ सीना। लंबी-लंबी बाँह। वैसी विशाल काया शुभंकरपुर में कहाँ किसी की थी? बाल, दाढ़ी, मूँछ सब सफेद हो चुके थे। भौंह और कान तक के बाल सफेदी पकड़ चुके थे। दीप्त ललाट, छोटी-छोटी आँखें और कान बहुत भले लगते थे। नाक नुकीली नहीं थी। होंठ न पतले थे, न मोटे। गले में स्फटिक की माला थी। पीला और बारीक यज्ञोपवीत बाएँ कंधे से वक्षस्थल के बीच और वहाँ से दाहिनी ओर पेट और कमर की तरफ लटक रहा था। दाहिने हाथ की अनामिका में चाँदी की पवित्री थी। वह साफ धोती पहने हुए थे। पास में अँगोछा रखा था।

रतिनाथ ने दोनों पैर छूकर प्रणाम किया। नाना ने माथे और पीठ पर हाथ फेरते हुए आशीर्वाद दिए—आयुरानन्दयोर्वृद्धिरस्तु (आयु और आनंद बढ़ते रहे)।

रत्ती प्रणाम करके एक ओर बैठ गया तो नाना बोले—"क्यों रतिनाथ, मैं समझता था कि जब तक ओझा (जयनाथ) जिएँगे तब तक तुम नहीं आओगे और अब इन आँखों से तुम्हें देख नहीं पाऊँगा। खैर, आ गए।"

रत्ती गुम ही रहा।

नाना ने फिर घर का हाल और पढ़ाई-वढ़ाई के बारे में पूछा। रतिनाथ संक्षेप में उत्तर देता गया। अंत में उन दर्जनों लड़कों का नाम और रिश्ता उन्होंने अपने

---

1. भागलपुर से पूरब कहलगाँव बहुत पुरानी एक मंडी है। मुगलों और नवाबों के युग में कहलगाँव मशहूर कस्बा था। वहाँ के ठठेरी पीतल के बर्तन बनाने में बेजोड़ थे। यही कहल गउआँ लोटा अब कलगइयाँ कहलाता है, यद्यपि बनता है वह भागलपुर में।

दौहित्र को बताया–"यह हिमकर हैं। यह श्रीकर, वह क्षेमकर, वह शंकर, वह दिनकर, यह सुधाकर, वह रहा मधुकर, पद्मनाभ, रेवतीशरण, इंद्रकांत, गोपीकांत, जयकांत, श्रीनाथ, शिलानाथ, एकनाथ, लक्ष्मीनाथ, जटाधर, श्रीधर, गंगाधर, धरणीधर...यह सब तुम्हारे ममेरे भाई होंगे। और भी हैं।" नाना झोंक में आ गए थे। पच्चीस-तीस नाम बता गए। रतिनाथ लद गया।

थोड़ी देर वहाँ बैठकर वह टहलने के लिए निकला तो कई और समवयस्क साथ हो लिए।

रत्ती का यह ननिहाल, मानिकपुर जोगियाड़ा स्टेशन से एक कोस पच्छिम पड़ता था। पूछ-पूछकर वह पहुँचा था। सड़क कच्ची थी। और, मानिकपुर तो बड़ा ही प्रसिद्ध गाँव है। पाठकों का खानदान पास-पड़ोस के पचीस कोस देहात में मशहूर था। ये लोग कुलीनता की दृष्टि से निम्नकोटि के ब्राह्मण थे। आचार-विचार, शील-स्वभाव, ठाट-बाट, धन-दौलत–यह सब प्रमाणित करता था कि उनमें वैशाली के लिच्छवि और मिथिला के विदेह इन दोनों गणों का रक्त मिश्रित है। यह भी क्या कोई रहस्य है कि इन पाठकों का संपर्क एक ओर दरिद्र मैथिलों से है तो दूसरी ओर धनाढ्य भूमिहारों से भी। इनका मालिक कोई दूसरा ज़मींदार नहीं है। अब भी चालीस सौ बीघे का इतना बड़ा रकबा पाठक लोगों की खास अपनी जायदाद है। आसपास के कई गाँवों की ज़मींदारियों में वे पट्टीदार हैं। इनके गोतिया और भी कई जगह हैं। मगर यहाँ मानिकपुर में पाठकों के छोटे-बड़े बावन परिवार हैं। इस गाँव के बाकी ब्राह्मण, जो पाठक नहीं हैं, भी इन्हीं लोगों के भांजे, दौहित्र या उनकी औलाद हैं। ब्राह्मणों की कुल आबादी सत्रह सौ पचहत्तर है परंतु सभी की धमनियों में एक ही रक्त प्रवाहित है। पाठक कुल एक जटायु वटवृक्ष है जिसके दसियों धड़ और पचीसों शाखाएँ होती हैं। फिर उन शाखाओं की पचासों डालें, सैकड़ों डालियाँ एवं हज़ारों टहनियाँ। बड़े-बूढ़ों के श्राद्ध में, लड़कों के मुंडन-छेदन और उपनयन में पाठकों के यहाँ जब जातिभोज–कुलभोज होता है तो वह दृश्य देखकर अवश्य ही आप मुग्ध रह जाएँगे। उस समय आपस का सारा वैमनस्य, व्यक्तिगत राग-द्वेष से अंकुरित छोटे-मोटे झगड़े सब भूल जाते हैं वे। पंक्तिबद्ध होकर बैठते हैं और दो-दो घंटे, तीन-तीन घंटे तक वह महाभोज चलता रहता है। पाठकों की परंपरागत अनुश्रुतियाँ, वीरता के आख्यान इतने अधिक हैं कि एक पोथा बन जाएगा।

माँ मरी थी तो रतिनाथ नानी के पास रहने लगा था। साल-भर रहा होगा

कि एक ऐसी बात हो गई जिससे जयनाथ क्रुद्ध होकर लड़के को ले आए। तब से कभी रत्ती को बाप ने मानिकपुर नहीं आने दिया था। इस बार साहस करके वह स्वयं ननिहाल आया हुआ था।

नानी एक बड़े ही भद्र और कुलीन ब्राह्मण की संतान थीं—माँ-बाप की तीसरी बेटी। बचपन में ही उनके माँ-बाप मर गए। चाचा ने तीन सौ में बेचारी को पाठकों के कुल में बेच दिया। अभाव-अभियोग के बीच पनपनेवाली इस स्त्री का स्वभाव ऐसा उदार और विनीत होगा, किसे पता था? जितनी प्रशंसा की जाए, थोड़ा होगा। संत और सनकी स्वभाव के पति मिले। तिस पर इतने बड़े परिवार की जिम्मेवारी! नानी ने अपने माँ-बाप और नइहर के नाम पर कभी धब्बा नहीं लगने दिया। कम-से-कम पहना, कम-से-कम खाया-पिया। अधिक-से-अधिक बर्दाश्त किया, अधिक-से-अधिक सुना। अपने को पति-कुल की गतिविधि में, क्रियाकलाप में इस भाँति खपा दिया कि आज सारा मानिकपुर शशिधर (मामा) की माँ का नाम लेकर ही सुबह-सुबह आँख खोलता है। नानी पुण्यश्लोक हैं, प्रातःस्मरणीय हैं। पंच कन्या के बाद इस नर्मदा का नाम कोई कवि जोड़ दे तो अनर्गल नहीं होगा।

मानिकपुर और पाठकों का राज। ननिहाल में रतिनाथ का मन ऐसा रमा कि पैंतीस रोज रह गया। संसार ऐसा स्वर्गीय है, इतना मनोरम है, रत्ती ने इस बात की कल्पना तक नहीं की थी। मोतिहारी के विद्यालय में पंडितजी संसार की तुलना मछली के तले टुकड़े से करते थे। कोई चाहेगा कि काँटे न हों, मछली-ही-मछली हो। सो कैसे होगा? सुख को दुख से बिलकुल अछूता रहकर भोगा नहीं जा सकता। सोचता था, नहीं, संसार उजाड़ है। इसमें दुख-ही-दुख है। परंतु ननिहाल की दुनिया से वह इतना प्रभावित हुआ कि सारा ब्रह्मांड उसे एक विराट् रसगुल्ले जैसा दिखने लगा।

उस बार आमों की फसल खूब तो नहीं, मगर आठ आना ज़रूर हुई थी। नाना का बचास बीघों का बाग था। कलमी-ही-कलमी आमों का। बंबई, मालदह, किसुनभोग, कलकतिया, फजली, दड़मी, जर्दालू, साहपसिन (शाहपसंद), सुकुल, सिपिया, कपुरिया, दुर्गीलाल का केरवा, बथुआ, राढ़ी, भदई, मोहनठाकुर की भदई। मालदह आमों का राजा है। बनारस की तरफ यही लँगड़ा कहलाता है। बंबई सबसे पहले पकने लगता है। मालदह पतला छिलका, मामूली गुठली और अपने विशिष्ट स्वाद के लिए मशहूर है। बंबई का छिलका मोटा होता है मगर मिठास

गजब की होती है उसमें। किसुनभोग दुलरुआ ठहरा, ज़रा-सी असावधानी से उसमें पीलू पड़ जाते हैं। गूदा कड़ा और काफी रहता है उसमें। शक्ल बिलकुल गोल। कलकतिया गरीबों और साधारण जनता का प्रिय ठहरा। खूब फलता है और साल-साल। भादों तक टिकता है। माकूल मिठास और भरपूर गूदा। सुलभ और सस्ता। उसका नाम ही गरीबनवाज रख दिया है लोगों ने। फजली का नंबर किसी की राय में तीसरा और किसी की राय में चौथा है। शक्ल के खयाल से इसका स्थान दूसरा समझना चाहिए। प्रथम स्थान दुर्गीलाल के केरवा को प्राप्त है। दुर्गीलाल का केरवा दो-दो सेर तक का देखा गया है परंतु स्वाद में वह असाधारण नहीं होता। दड़मी, जर्दालू और साहपसिन यह तीनों सगे हैं। आकार में जर्दालू बड़ा और अंदर से पीला होता है। सुकुल और सिपिया की आम के शौकीनों में काफी इज़्ज़त है। सुकुल की गुठली धागेदार या सनवाली होती है। घुला हुआ सुकुल चूसने की चीज़ है, दाँतों से छीलकर खाने की नहीं। सिपिया की शक्ल सीपी की तरह और स्वाद मनोरम होता है। कपुरिया और सिपिया में केवल स्वाद का भेद है, आकार का नहीं। कपुरिया का स्वाद और गंध ठीक कपूरी मालूम होगा। बथुआ आसिन तक चलता है, स्वाद में साधारण। राढ़ी, भदई अपने पतले छिलके और सुरभित माधुर्य के लिए प्रसिद्ध हैं। उनकी मौसिम आधा सावन और भादों हैं। मोहन ठाकुर की भदई छोटी और नुकीली होती है। राढ़ी का छिलका पीला और गूदा थोड़ा लाल होता है...।

कलमी आमों का यह परिज्ञान रत्ती को नाना की कृपा से हुआ था। बाग में मचान पर बैठे हुए नाना ने एक बार कहा था–"इन बातों का शौक लोगों में रहा ही नहीं। देखो न, इतना बड़ा बाग है तो क्या आज का है? तीन पुरखों की तपस्या का फल है। इसमें कितने ही पेड़ अब बूढ़े और रोगी हो गए हैं, साल-साल आँधी-तूफान में दो-एक पेड़ जड़-मूल से उखड़कर धराशायी हो जाते हैं, परंतु उनकी जगह नए कलम रोपने की चेष्टा कोई नहीं कर रहा। लड़के अहदी हो गए हैं। किसी की कोई सुनता नहीं।"

पुराने पेड़ों की जगह में नए थाले[1] पड़े अवश्य थे परंतु उनकी संख्या कम ही थी। रुद्रधर पाठक को इतने से भला क्या संतोष होता?

---

1. संस्कृत में इसके लिए हम 'आलवाल' शब्द पाते हैं। उत्तर बिहार में यह थाला है। खाद-पानी के टिकाव के वास्ते पहले बड़े थाल की शक्ल में जगह तैयार करते हैं फिर उसके बीच में कलमी पौधा रोपा जाता है।

कलमी आमों के इस बाग को छोड़ दें तो वहाँ बीजू आमों का एक दूसरा बाग भी था। बीजू आमों का बगीचा 'गाछी' कहलाता है। स्वाद के ख्याल से लोग कलमी आम पसंद करते हैं, फायदे के खयाल से बीजू। बीजू का दूसरा नाम शरही भी है।

गाछी अब उजड़ रही थी। लकड़ी के अभाव में बड़े-बड़े गाछ कट रहे थे। डेढ़-डेढ़ सौ वर्ष की उम्र के विशालकाय वृक्षों के आम रत्ती को यहीं मिले थे। ये उसकी घिवही के परदादा थे! रूप और गुण के अनुसार आमों के अलग-अलग नाम होते हैं। वहाँ सौ पेड़ बच रहे थे, सबके नाम याद रखना असंभव है। कुछ नाम अब तक रतिनाथ को याद हैं—केरवा, परोड़िया, बुनक्का, करिअम्पा, धुमनाही, लडुब्बा, केरवी, घिवही, रोहिणिया, बेलहा, चक्रपाणिभोग, रतुठिया (लाल होंठोंवाली), कठमिया, कोनैला, तिनरंगा, सिनुरिया, पहुनपदौना, अमतहा, सनहा, तमहा, चफेलवा, चक्रपाणिभोग और बङालेट करोड़ों की तादाद में फरते और आँधी-तूफान का मुकाबला करते झड़ते-झुड़ते, पकने के मौसम तक लाखों की तादाद में बचे रहते थे। बेल-जैसे स्वाद के कारण बेलहा 'बेलहा' था। शक्ल में छोटा। चक्रपाणिभोग का छिलका बेहद मोटा और रस गाढ़ा था। मिठास उसमें खूब थी। बङालेट बड़ा रसीला ठहरा। शक्ल-सूरत में पहुनपदौना अद्वितीय था मगर चूसने के लिए मुँह लगाते ही आपकी नाक-भौं टेढ़ी हो जाती, जीभ विरस हो जाती और रोम-रोम सिहर उठता। हास-परिहास एवं छकाने की नीयत से मनचले नौजवान यह आम पाहुनों को थमा दिया करते—"पहुना, यह कपुरिया आम है; ऐसा स्वादिष्ट आम आपको कहाँ मिलेगा?" उल्लसित होकर पाहुन महानुभाव जब उसमें मुँह लगाते तो हे राम! बेचारों का बुरा हाल होता! खिलानेवाले ठहाका मारकर हँस पड़ते हः हः हः हः हः हिः हिः हिः हिः...।

रतिनाथ कुछ दिन और रहना चाहता था मगर चाची का बुलावा आ गया।

25

ससुराल में सत्रह रोज रहकर उमानाथ घर आया। रामपुरवाली ने अपने जमाई को जिस प्रकार धूमधाम से विदा किया था, उमानाथ के सास-ससुर ने उस प्रकार अपने दामाद की विदाई नहीं की। काँसे की मामूली थाली, एक बड़ा और छः छोटे कटोरे। लोटा-गिलास। रसोई के साधारण बर्तन। कंबल-दरी और चादर-तकिए। जूता-छाता। दो जोड़ा धोती। एक चादर और पाग-दुपट्टा।

मगर चाची इतने में ही मग्न थी। पाँच भार आए थे। केला, दही, चूड़ा, मिठाइयाँ, पकवान। गरी-छुहारे, मेवा-मखान। चाची ने कुछ नहीं रखा, सारा बँटवा दिया।

उमानाथ एक मास का अवकाश लेकर आया था। तीन सौ साथ लाया था। दो सौ माँ ने निकाले थे। शादी में कुल मिलाकर चार सौ रुपए खर्च हुए। मधुश्रावणी[1] में फिर वह ससुराल जा सकेगा, इसकी संभावना नहीं थी। फिर भी गौरी-पूजन और साधारण त्योहार के लिए साड़ियाँ वगैरह महनौली भेजी ही जाएँगी, इसीलिए बाकी रुपए उसने माँ के ही पास रहने दिए।

उमानाथ कलकत्ता चला गया।

चाची के हृदय को एक बार फिर जोर का धक्का लगा। सोचा था, समाज जैसे पुरानी बात को भूल गया है वैसे ही उमानाथ भी भूल गया होगा। अपनी

1. श्रावण शुक्ल तृतीया नवविवाहित वर-वधू के लिए त्योहार की तिथि है। तीज और हरितालिका व्रत का यह त्योहार किसी-न-किसी प्रकार समूचे भारत की सुहागिनों का एक सम्मान्य पर्व है। मिथिला में यह नववधुओं के सौभाग्य का महान् पर्व समझा जाता है, घृतमिश्रित बाती की हलकी लौ से वर-वधू के पैरों को छू देना है, वह 'ईस' कर उठती है! सखी उसके पैरों पर दही-शहद अथवा शीतोपचार की और कोई वस्तु या मक्खन मलती है।

माँ की पहली और शायद आखिरी भूल को बिसर गया होगा...मगर अपने प्रति वह लड़के की रुखाई देखकर भीतर-ही-भीतर रो रही थी। उमानाथ जिस दिन जानेवाला था, माँ ने सहमते हुए पूछा–"भैये, अगहन में गौना करा लाना ठीक रहेगा न?"

लड़का कुछ बोला नहीं, जूते पहनकर फीता कस रहा था।

उत्तर के प्रति अवज्ञा की घोर भावना उमानाथ के चेहरे पर लाली बनकर छा गई। आकृति का यह रूपांतर देखकर चाची को साहस नहीं हुआ कि दुबारा वही प्रश्न पूछे। चलते-चलते उमानाथ ने दिखावटी तौर पर माँ के पैर छू लिये। माँ की आँखें सजल हो आईं, आहत मर्म की नीरव वेदना का वह प्रतीक--आँसू--लड़के ने देखना नहीं चाहा। उलटे, कड़ककर कहता चला गया कि चर्खा चलाकर तूने दुनिया-भर को बतला दिया–"उमानाथ आवारा है, कलकत्ता में खुद तो मौज मारता है और घर पर माँ जुलाहिन हुई जा रही है! खबरदार! अब कभी चर्खा छूआ तो हाथ काट लूँगा...।"

उमानाथ आँगन से बाहर निकला और चाची सीतलपाटी बिछाकर पेट के बल पड़ी रही। आँखों से अश्रु का अविरल प्रवाह निकल चला। वह अब नहीं जिएगी, अवश्य मर जाएगी। इस जीवन से मृत्यु लाख गुना श्रेयस्कर है। कुत्ती (कुतिया) से भी गई-बीती हूँ मैं--चाची ने सोचा--रोज खाकर उठने के बाद अतूऽऽह अतूऽऽह अतूऽऽऽऽ की आवाज़ लगाकर उमानाथ कुत्ती को बुलाता था और पूरा कौर भात खाने को देता था। चुमकारता था, पुचकारता था। और, मैं तुम्हारी माँ हूँ उमानाथ! क्या मैं कुत्ती से भी बदतर हूँ?

अवश्य तू कुतिया से भी गई-गुजरी है--चाची के अंतस्तल से आवाज़ आई--तू जीने योग्य नहीं है। तेरे कलेजे में जितनी सुइयाँ चुभोई जाएँ उतना अच्छा है। सिसककर तू जितना ही रोएगी, मेरा कलेजा उतना ही ठंडा होगा। चुड़ैल, तेरा सत्यानाश हो। कुहर-कुहरकर मरे तू। तेरे अंग गलकर गिरें...।

कि एकाएक उसकी आँखों के आगे किसी किशोरी की सौम्य, संयत प्रतिमा कहीं से अलक्षित ही आकर खड़ी हो गई। चाची का रोम-रोम सिहर उठा...यह उसकी कल्पना की पुत्रवधू थी। गद्‌गद होकर चाची ने आँखें मूँद लीं। उसे भान हुआ, पतोहू नज़दीक आई है और अपनी तिनपढ़िया साड़ी के आँचल से आँसू पोंछ रही है। आह! कितना शीतल स्पर्श है लाह की चूड़ियों और कंगनवाले इन मृदु-मांसल हाथों का! ओह!...अपनी नई-नवेली पुत्रवधू का भला कौन-सा नाम

मैं रखूँगी--पद्मसुंदरी? जयमुखी? चंद्रमुखी? नहीं, पद्मसुंदरी ही ठीक रहेगा...।

कोने में से निकलकर एक चुहिया घर में विहार करने जा रही थी। उसने चाची का ध्यान आकृष्ट किया। किसी घरेलू दुर्घटना में बेचारी की दुम थोड़ी कट गई थी। बेहोश हालत में देखकर चाची ने ज़रा 'अमृतधारा' लगा दी थी। फिर क्या था? चार दिन में वह चंगी हो गई और पहले के माफिक उछलने-कूदने लगी। वह इतनी ढीठ बन गई थी कि चाची के पैर, हाथ, मुँह, सिर सूँघ जाती और चाची उसकी इस धृष्टता को उल्लसित होकर, स्मितमुखी होकर बर्दाश्त करती। आज उसे देखते ही उन्होंने विचारा--मनुष्य होकर जन्म लेना अच्छा नहीं है। हे भगवान्! अगले जन्म भले ही मैं चुहिया होऊँ, भले ही नेवला, मगर चेतनामय इस मानव समाज में फिर कभी न पैदा होऊँ। ओह, जो औरतें किसी विषाद के कारण कुएँ में कूदकर या गले में फंदा डालकर अपने प्राणों का अंत कर लेती हैं अवश्य ही पुनः इस मानव योनि में उनका जीवन नहीं आता...तो क्या मैं वैसा नहीं कर सकती हूँ! कुएँ में कूदना और कूदकर जान देना आसान नहीं है। लोग मानते नहीं, निकाल डालते हैं। हाँ, घर में फंदा लगाकर झूल जाने से ठीक रहेगा। जिस किसी के हाथ पड़ूँगी निष्प्राण, निश्चेष्ट, निस्पंद शव के रूप में ही; जीवित नहीं।

तब फिर उमानाथ का ख्याल आया। विचार जब उड़ते-उड़ते आसमान को छू लेता है, अवश्य ही उस स्थिति में वह जोर का पलटा खाता है। हिचकी लेकर एक बार सिहर उठी। उसने सोचा--विधवा होकर मैं गर्भवती हुई और आठ मास का बच्चा कोख से निकलवाया। चमाइन उसे जंगल-झाड़ी में फेंक आई! ऐसी यशस्विनी माता हूँ मैं! और, अब गले में फंदा लगाकर मरूँगी तो बेचारा (उमानाथ) सुयश का ऐसा भारी पहाड़ कैसे सँभाल सकेगा? ना, माँ को लेकर जितना यश उसे अब तक मिला है वही पर्याप्त है। फाँसी लगाकर, गौरी, स्वयं तो तू भवबंधन से छुटकारा पा लेगी लेकिन उस अभागे का क्या होगा?

परंतु जीवन की एकमात्र आशा--पुत्र जब इस प्रकार विमुख हो रहा है तब किसके बूते वह अपने दिन काटेगी? अपमान या आघात स्वजन की ओर से जब होता है तो उसकी असह्यता कई गुना अधिक होती है।

और समाज में कैसे विषधर छिपे पड़े हैं! जाने किसने उमानाथ के कान भरे थे? चाची की यह ज़रा भी खुशहाली जाने किसे चुभ रही थी?

चर्खा और तकली कातते-कातते चाची के हाथ में घट्ठे पड़ गए थे। सारा गाँव जानता था कि कितनी कड़ी मेहनत वह करती थी। आठ घंटा, दस घंटा?

व्रत का दिन हो या उपवास का, पर्व का हो चाहे त्योहार का। चाची का यज्ञ कभी समाप्त नहीं होनेवाला था। बदले में वह पाती क्या थी? बीस-पच्चीस रुपए मासिक। कभी यह आमदनी तीस तक पहुँच जाती थी। अपने खाने में तो बहुत ही कम खर्च करती, दस से अधिक कभी नहीं। बाकी पैसे जमा रहते या घर के किसी काम में लगते। दस-पाँच उधार उससे कौन नहीं ले गया होगा? कभी चाची ने ना नहीं किया। सास-ससुर, बाप और पति की वर्षी में पाँच-सात ब्राह्मणों को बराबर वह खिलाती आई थी। घर छवाने के साल-साल खढ़ चाहिए, डोरी चाहिए। मजदूर चाहिए। एक दिन दो दिन देकर अतिथि-अभ्यागत आ धमकते, दो मुट्ठी चावल का भात खिलाए बिना चाची स्वयं कैसे दाना-पानी मुँह में डालती? पर्व-त्योहार साल में दसों पड़ते हैं, उन दिनों कुछ न करो तो देवता नाराज हो जाते हैं और लक्ष्मी चिढ़ जाती है...यह सब आखिर कहाँ से होता था?

उमानाथ ने इतना भी नहीं सोचा कि शादी में जो चार सौ लगे हैं और सौ रुपया यह जो और जमा है सो यह कहाँ से आया? तीन सौ उसकी कमाई ठीक है, मगर बाकी दो सौ कहाँ से आया? यह सब ओछे स्वभाववाले उस नौजवान ने कुछ भी नहीं सोचा। बस रामपुरवाली चाची की चुगलखोरी पर ही अपने संपूर्ण विश्वास को उसने टिका दिया। माँ के प्रति तिलशः जीभूत अश्रद्धा को प्रकट करने का क्या कोई दूसरा रास्ता नहीं था?

चाची ने अपनी दृष्टि से भी सोचा और उमानाथ की दृष्टि से भी। फिर भी इस प्रकार तिरस्कृत जीवन की चरितार्थता उसकी समझ में नहीं आई। कौन-सी भावना है जिसे वह जीवन की सार्थकता के प्रमाण में पेश करे?

अगहन में उमानाथ गौना तो करेगा ही। चाची ने निश्चय किया, पतोहू का मुँह देखकर अपनी जीवनलीला समाप्त कर लेनी चाहिए। फिर वही बात? नहीं, वह बात नहीं। जीवनलीला समाप्त करने में पल-भर भी लग सकता है, पहर-भर भी। मास, छह मास, साल-भर भी लग सकता है। अलक्षित रूप में अपने को बीमार कर लेना, दवा-दारू नहीं करवाना और लगातार कुपथ्य और असंयम करते चले जाना...इस तरह कोई मरता है तो घरवालों की बदनामी नहीं होती। और यहाँ तो टलती बला को जानकर कोई भी 'हाय, हाय' नहीं करेगा।

इस निर्णय से चाची की आँखें चमक उठीं और वह उठ बैठी। हाथ पर ठुड्डी टेककर उसने देखा—लाश तुलसी-चौरे के नज़दीक पड़ी है। मुँह उत्तर की ओर है। रतिनाथ निकट ही बैठा है। उसकी आँखों से आँसू की धारा अविराम बह रही

है...वहाँ और कोई नहीं है।

रतिनाथ!

हाँ, रतिनाथ ही अपने हाथ से मेरा अंतिम संस्कार करेगा। वह मेरा मानस पुत्र है...चाची का चिंतन-चक्र चलने लगा...रत्ती ने कुछ ही दिन पहले कहा था–'चाची, नहीं, माँ कैसी हुआ करती है मगर मेरे लिए तो तुम्हीं माँ हो। हो न चाची?'

और तब अपने उच्छ्‌वसित आवेश को छिपाने के लिए चाची ने उसके गाल पर हल्की-सी एक चपत जमा दी थी–'दुत् पगला!' अप्रतिभ आँखों से लड़के ने चाची की आँखों में झाँका। इनमें छलकते वात्सल्य का तरल रूप पाकर रतिनाथ का चेहरा खिल उठा...उस समय तकली कात रही थी। डेढ़ सौ नंबर का महीन सूत। अपने ध्यान को फिर से उसने एकाग्र कर लिया था। किंतु वैशाख शुक्ल दशमी की इँजोरिया रात क्या कम आकर्षक होती है? रतिनाथ ऊपर निगाह किए गगन-विहारी चंद्रमा की ओर अपने को टिकाए हुए था। जहाँ तकली की कटोरी थी वहीं उसके सिर की छाया पड़ती थी। बस, बीत आधी बीत का फासला हो तो हो। छाया में चाची ने देखा, उसकी ओर गर्दन को तिरछी करके रत्ती ने दाहिने हाथ की तर्जनी अँगुली में चोटी के लंबे बालों को लपेट लिया है। थोड़ी देर बाद चोटी के बालों से अँगुली छुड़ा ली और उसे इस भाँति हिलाने लगा मानो शून्य में कुछ लिख रहा हो। अंत में उसी अँगुली से उसने अपनी गर्दन को मानो रेतना शुरू किया। फिर एकाएक पूछ बैठा–'क्यों चाची, मुझे कोई जान से मार दे तो तुम बहुत रोओगी?'

चाची ने उसे डाँट दिया–'भाँग तो नहीं पी आए हो?'

वह झेंप गया और अपनी सुजनी पर जाकर सोने के उपक्रम में लगा...।

रतिनाथ के हृदय में विशृंखलताओं का पता चाची को खूब था। रत्ती भी चाची को खूब पहचानता था।

आज चाची ने भगवान् से प्रार्थना की कि उसका अंतिम संस्कार रतिनाथ के हाथों ही हो। पुत्र को जब माँ पर इतनी घृणा है तो यह अप्रिय कार्य उसे न करना पड़े–यही एकमात्र कामना थी जिसने बार-बार उस दिन चाची से हाथ जुड़वाए।

कालाजार और मलेरिया का शिकार बन जाना शुभंकरपुरवाले के लिए बड़ा आसान था। चाची को निश्चय था कि इस बार वह अपने को इस मोर्चे पर आगे

कर देगी और फिर देखा जाएगा।

दिन ढल गया था मगर चाची ने खाना नहीं खाया।

उमानाथ की ससुराल का सामान सहेज-सँभालकर एक ओर रख दिया। मन हुआ कि चर्खा तोड़कर फेंक दे, मगर नहीं। इसने पिछले पाँच साल से जीवन का साथ दिया है, अब उमानाथ के कहने से वह उसको छोड़ बैठेगी? ना, ऐसा नहीं हो सकता। उमानाथ चाहे चमारिन कहे चाहे जुलाहिन, चाची चर्खा नहीं छोड़ेगी।

कि इतने में बादल गड़गड़ा उठे। चाची बाहर निकल आई घर से। देखा, पश्चिमाकाश काली घनघटा से छा गया है। उसे रतिनाथ याद आया। अभी रहता तो बाग की ओर दौड़ता। आँधी-तूफान के इस अवसर पर जो भी दस-पाँच आम होंगे सब गिर पड़ेंगे। फटे-फूटे कच्चे आमों का और क्या होगा? अचार बनेगा। कसौंझी बनेगी। आमिल बनेगा। चटनी और कुच्चा। रतिनाथ के अभाव में टोल-पड़ोस के और लड़के क्या बैठे रहेंगे?

रत्ती आजकल तरकुलवा में था। अब ननिहाल गया होगा या जानेवाला होगा।

दच्छिनवाला घर खढ़ के अभाव में चूने की सूचना पहली बारिश में ही दे चुका था। वह तीसरा साल था। इस बार यदि नया खढ़ छप्पर पर नहीं पड़ेगा तो बरसात में समूचा मकान बैठ जाएगा। चाची ने बड़े खेद के साथ उस घर की ओर देखा—रतिनाथ की माँ मर गई तभी से इस घर की शोभा चली गई। चूहे, झींगुर और नेवले रहते हैं अब। मगर इस साल उनके भी रहने लायक नहीं रह जाएगा...।

जयनाथ को कई पत्र चाची दे चुकी थी कि इस बार बरसात में घर बैठ जाएगा। खुद न आ सको तो रुपए ही भेज देना। यहाँ सब ठीक हो जाएगा। परंतु किसी पत्र का उत्तर बड़हड़वा से नहीं आया। रतिनाथ मोतिहारी से आया तो बाप की इस लापरवाही पर झुँझला उठा। निष्फल झुँझलाहट उपेक्षा की भूमिका होती है। पैसे तो बेचारे के हाथ थे नहीं कि छवाने का कोई प्रबंध करता। चाची ने कहा था—'बेटा, अपने हाथ से बाप को चार आखर लिख दो, शायद इससे उनकी नींद टूटे।' रतिनाथ को यह बात जँची नहीं।

26

अगहन में नहीं, माघ में उमानाथ कलकत्ते से आया और महनौली से गौना करा लाया।

चाची चौमासा (बरसात) भर मलेरिया खेलती रही। बेहद कमज़ोर थी; परंतु खूब उत्साह से उसने पतोहू का स्वागत किया। लड़की सचमुच ही स्वस्थ और सुंदर थी।

गहनों के नाम पर माँ-बाप ने उसे कुछ नहीं दिया था। नंद झा दरिद्र नहीं था परंतु उसके चार लड़कियाँ थीं। खेती-गृहस्थी मामूली ढंग की ही थी। दो लड़के थे, दो बैल। साल-भर हड्डी-तोड़ मेहनत करने के बाद कहीं घर का पूरा खर्चा जुटा पाता था। पाल-पोसकर चौदह साल की लड़की को किसी की 'गृहलक्ष्मी' के लायक बना देना ही क्या कुछ कम था?

इस अवसर पर उमानाथ ने प्रतिभामा को भी बुलवा लिया था। पति स्वयं ही उसे पहुँचा गया था।

रतिनाथ भी मौजूद था। पिछली गर्मियों में जब मोतिहारी से वह गाँव आया तब से लौटकर कहाँ वह दुबारा मोतिहारी गया? बात यह हुई कि नानी ने बड़ा ही आग्रह किया कि दरभंगा के विद्यालय में ही पढ़ो, सीधा-सामान या और जो भी कुछ लगेगा तुम्हारे मामा देने को तैयार हैं। नानी का यह मधुर आग्रह रत्ती टाल नहीं सका। दरभंगा की महाराजी पाठशाला (रमेश्वरलता संस्कृत विद्यालय) में वह भर्ती हो गया। पढ़ाई अच्छी थी, व्याकरण-मध्यमा का कोर्स उसका पूरा हो ही चुका था। दस-बारह साथी और मिले! छोटी छुट्टियों में ननिहाल चला जाता। कभी-कभी चाची के पास भी।

ताराचरण की माँ, रामपुरवाली चाची, शकुंतला और चाची–सबकी राय से

दुलहिन का नाम पड़ा कमलमुखी बहुरिया। सास ने मधुबनी से पैंजनी मँगवा दी कि कमलमुखी ताल बाँधकर चलेगी। मगर वह ठहरी ठेठ किसान की बेटी, खेत में राख डाल आना, गोइठा पाथना, तालाब और कुएँ से पानी भर लाना, मौका-बेमौका गाय-बैल चरा लाना--यही सब जानती थी। भद्र कुलवधुओं की चाल उसे अभी सीखनी थी। कमलमुखी के संबंध में शुभंकरपुर की औरतों का कहना था कि खेतिहर की बेटी है, मोटा-झोटा खाना दो और कसकर काम लो।

उमानाथ महीना-भर की छुट्टी ले आया था। इतनें दिन काफी थे। सिखा-पढ़ाकर कमलमुखी को शेर बना गया।

आँगन का क्या कहना? जहाँ पहले चाची अकेले उदासी के तराने सुना करती वहीं कई प्राणी अब और आ गए थे। कमलमुखी थी। प्रतिभामा थी। उसके दो बच्चे थे। बीच-बीच में रतिनाथ भी आ जाता।

चाची ने बड़ी कोशिश की, मन को इनमें उलझाए। मगर उमानाथ का रूक्ष व्यवहार उसे दिन-दिन असह्य लग रहा था। अपना हृदय उसने पतोहू के लिए खोल दिया, प्रतिभामा से अधिक वह उसे ही मानने लगी। परंतु आखिर खरबूजे को देखकर खरबूजे ने रंग पकड़ ही लिया। कमलमुखी चाची की स्वतंत्रता में हस्तक्षेप करने लगी। होली का त्योहार आया। चाची का विचार था, कम-से-कम पाँच सेर आटे के लायक घी-गुड़ का प्रबंध करना चाहिए। कमलमुखी ने कहा--"नहीं, इतना क्या होगा? ढाई सेर आटा काफी रहेगा।" चाची बोली, "तुम नहीं समझती हो, इस बार भगवान् की कृपा है कि आँगन भरा-पूरा है, तुम हो, प्रतिभामा है, बाल-बच्चे हैं! पूआ-पकवान कुछ ज्यादा ही बन जाएँगे तो क्या हर्ज है?"

इस पर कमलमुखी ने ठुमुककर कहा--"मना कर गए हैं।"

चाची ने जोर दिया--"तो क्या हुआ?"

"ऊँ हूँ"--पतोहू अचल होकर बोली। प्रतिभामा ने माँ को इशारा किया--"क्यों झगड़ती हो?" चाची इस घटना से टूट गई। उसने कुछ नहीं किया। प्रतिभामा ने त्योहार की तैयारियाँ कीं। सास-पतोहू दोनों अलग-अलग कोपभवन में पड़ी हुई थीं। लगता था कि वही मेहमान हैं और प्रतिभामा ही गृहस्वामिनी है। उसके दोनों बच्चे फुदक-फुदककर मालपूआ खा रहे थे। रामपुरवाली चाची आई तो कमलमुखी की पीठ थपथपा गई।

वैसी मनहूस होली चाची ने कभी नहीं बिताई।

जिस बात का संदेह था, वह सच निकली। पतोहू का स्वभाव पति की ओर झुका हुआ था। किसी नववधू का स्वभाव यदि पति की ओर अनुरक्त हो तो बुरा है? नहीं। पति में अनुरक्त होना और बात है, मगर बात-बात में सास-ससुर को चिकोटी काटना और ही बात है। उमानाथ माँ के प्रति अपनी घृणा का कुछ अंश पत्नी के भीतर उँड़ेल गया था। औरत अब उसके लिए 'स्वजन' थी और माँ थी 'पराई'।

चाची ने सिर झुकाकर परिवार की इस नई व्यवस्था को कबूल कर लिया। कमलमुखी को उसने अपनी राह जाने दिया। प्रतिभामा तीन मास शुभंकरपुर रही, देवर बुला ले गया। स्वागत-सत्कार बहुत ही साधारण हुआ था बेचारी का। उमानाथ की प्रकृति में जिन गुणों का विकास हुआ था उनमें कृपणता का ही स्थान प्रथम था। 'कम-से-कम खाकर कम-से-कम पहन-ओढ़कर पैसे बटोरते चलो'—सफल गृहस्थी का अपना यह मूलमंत्र वह कमलमुखी के भी कान में फूँक गया था। अपनी लड़की की विदाई में चाची ने अलग से पचीस रुपए खर्च किए। कमलमुखी ने उमानाथ को चुपचाप लिखवाया—घर के काम में तो कुछ देतीं नहीं मगर लड़की की बिदाई के समय पचास जाने कहाँ से निकाले? कितनी लंबी है तुम्हारी माँ की आँत!

प्रतिभामा चली गई तो चाची के लिए फिर एकांतवास आरंभ हुआ। कमलमुखी से वह कम ही बोलती थी। उसने भी अपनी सास से अधिक रामपुरवाली चाची का ही आदर-सत्कार शुरू किया। क्यों न हो? वह आकर दुनियादारी के नए पैंतरे बतलाया करती। टोल-पड़ोस की औरतों के गुन-औगुन! यहाँ तक कि कमलमुखी को अपनी सास की वह कलंक-कथा भी मालूम हो गई।

चाची को संग्रहणी हो गई थी। चैत का महीना। ताराचरण की माँ ने कहा, "कुछ दिन अन्न छोड़ दो; दही और उबला हुआ बेल खाओ।" परंतु पथ्य का यह सिलसिला चार-छः ही दिन चला। चर्खे में कूबत नहीं था, वह अब सो रहा था।

रतिनाथ परीक्षा में मशगूल था। पंद्रह अप्रैल को उसकी परीक्षा पड़ती थी। एक बार आकर वह दवा दे गया था। परंतु सेवा-सुश्रूषा और पथ्य-पानी कौन करे? खाली दवा से क्या होता है?

कमलमुखी सास की सेवा करती अवश्य थी परंतु हृदय से नहीं। और श्रद्धा-भक्ति से यदि आपको कोई विष भी देता है तो उसमें आपके होंठ उल्लसित

ही होते हैं। चाची का स्वास्थ्य दिन-पर-दिन बिगड़ता ही जा रहा था। कमलमुखी का रूखापन उससे छिपा नहीं था। लगता था कि बेटा और पतोहू अब उस बुढ़िया को नहीं चाहते। एक ही आदमी था जिसे इस बुढ़िया की ज़रूरत थी। किसको?

रतिनाथ को?

हाँ, रतिनाथ को। उसे चाची की अभी ज़रूरत थी।

पिता के जीवित रहने से रतिनाथ को न हानि थी न लाभ। जयनाथ का भी एक ही काम था कि अपना पेट पोसें। आज–रत्ती सोलह-सत्रह साल का हुआ है, बचपन में भी उसने अपने बाप के रंग-ढंग देखे हैं। जयनाथ को वह सदा कंकड़-पत्थरवाला चटियल मैदान ही समझता आया। इसके विपरीत, चाची उसे सदाबहार बगिया प्रतीत हुई। सहज स्नेह की फहियाँ बरसानेवाली यह बदली न होती तो रतिनाथ का कैसा बुरा हाल होता?

परंतु वह बदली अब स्वयं ही पथरा रही थी। उसे धक्के पर धक्का लग रहा था। उसकी वर्षण-क्षमता, उसकी प्रस्रवण-शक्ति, उस अमृतद्रव की वह सामर्थ्य अब क्षीण होती जा रही थी। इस बात का आभास रत्ती पा ज़रूर गया था किंतु असहाय था बेचारा। उमानाथ को रास्ते पर ले आना उसके बूते की बात नहीं थी। महनौलीवाली को समझाना वह बेकार समझता था। और जो लोग थे, तमाशबीन थे। वे यही चाहते थे कि उमानाथ की माँ अपनी पतोहू को खुलकर गालियाँ दे, झोंटा पकड़कर घसीटे। झाड़ू-मुस्सर से मारे। बदले में पतोहू भी उसको एक की दस सुनावे, झोंटा पकड़े...फिर बाकी औरतें पंच बनकर फैसला करें... परंतु चाची ने यह सब होने का अवसर ही नहीं दिया। वह सारा विष स्वयं ही पीती गई।

परीक्षा देकर रतिनाथ आया। पर्चे अच्छे बने थे। पास होने की पूरी उम्मीद थी।

उसकी इच्छा थी कि आषाढ़ की पूर्णिमा तक मन लगाकर चाची की परिचर्या करे। परंतु अब चाची का ज़माना लद चुका था। कमलमुखी गिन-गिनकर चावल निकालती और पकाती। रतिनाथ का हिसाब वह मेहमान के तौर पर करने लगी। दो नहीं चार दिन रहो, चार नहीं दस दिन रहो; हमेशा के लिए यहीं पालथी लगा लो सो नहीं होगा। ऐसा हो तो अपना घर है, खुद पकाकर खा लो अपना।

रतिनाथ के लिए यह नई बात थी। जहाँ अपने घर की भाँति वह आज तक

रहता आया, वहाँ अब मेहमान बनकर रहना उसे अखरने लगा। पाँच ही सात दिन रहा फिर अपने सहपाठी के यहाँ चला गया भौंर। तालाब में साथ तैरने और मछली खाने का निमंत्रण सहपाठी श्री धर्मनाथ सिंह ठाकुर की तरफ से पहले ही मिल चुका था।

मन परंतु उसका चाची पर ही लगा रहता था।

वह बेहद कमज़ोर हो गई थी। पतले-पतले वे सुंदर होंठ फीके पड़ गए थे। कपार पर नीली नसें उभर आई थीं। आँखें धँस गई थीं मानो दो कुओं में दो तारे टिमटिमा रहे हैं! छाती की हड्डियाँ बाँस की फट्टियों की तरह झकझक कर रही थीं। पेट और पीठ सटकर एक हो गए थे।

रतिनाथ ने पूछा था–"कलकत्ते लिखूँ?"

"नहीं"–चाची ने सिर हिला दिया था। थोड़ी देर बाद रत्ती के हाथ को अपने कमज़ोर हाथ में लेकर कहा था–"बबुआ, कहीं कुछ हो जाए तो इस मुँह में आग तुम्हीं देना, हाँ!"

रतिनाथ चुप ही था...

"अरे, क्या कहा मैंने? समझा नहीं?"

रतिनाथ से फिर भी 'हाँ' कहते न बना।

चाची ने तीव्र स्वर में पूछा–"अरे, क्या कहती हूँ?"

इस बार रत्ती ने भीगी आँखों से चाची की ओर देखा।

"अरे! तू तो रोता है!"–चाची ने फक् से हाथ छोड़ दिया और अपनी धोती के खूँट से लड़के की आँख पोंछने लगी।

रतिनाथ ने कहा था–"चाची, यह सब अभी तुम क्यों बोलती हो?"

मौन रहकर चाची ने अपनी गलती मान ली थी और रतिनाथ दौड़कर गया था। तारा बाबा से एक यंत्र बनवा लाया था। चाची के वाम बाहुमूल में लाल धागे से उस यंत्र को रतिनाथ ने अपने हाथ से ही बाँध दिया था।

चाची की इन बातों से सचमुच ही रतिनाथ खिन्न रहता था। चाहता था कि खुद बीमार हो जाए मगर चाची की तंदुरुस्ती सुधर जाए। पर चाहने ही से कुछ थोड़े ही हो जाता है?

रत्ती की नानी पचहत्तर साल की थी फिर भी अभी स्वस्थ थी। रतिनाथ सोचता था, क्यों न चाची भी उतने दिनों तक जिए? तरकुलवा में चाची की माँ सत्तर के अंदर ही है, तो चाची इतनी कम उमर में मर जाएगी?

परंतु दीर्घ आयु का संबंध जिन परिस्थितियों से है क्या चाची उन्हीं परिस्थितियों में अपना जीवन बिताती थी? ग्लानि और अपमान, तिरस्कार और उपेक्षा चाची ने बहुत सही थी, किंतु अब उमानाथ का बर्ताव और कमलमुखी की अश्रद्धा उस बेचारी को अधिक-से-अधिक यातना दे रही थी। इतने दिनों तक तो पुत्र की आशा से सबकुछ सहती आई थी और अब आशा का वही केंद्र निराशा का गड्ढा साबित हो रहा था। ऐसी स्थिति में निरानंद और नीरस जीवन बिताने से लाभ?

रतिनाथ ने निश्चय किया, कहीं भी रहेगा, दस-पंद्रह दिन में एक बार शुभंकरपुर आकर वह चाची को देख जाया करेगा।

ताराचरण बीच-बीच में आकर खबरें सुना जाते थे। हिटलर ने रूस पर हमला करा दिया था। इस अशुभ समाचार से चाची को खेद हुआ। वह बोली—"कैसा दिमाग है दरिद्दर का! मुदा बच्चा-बच्चा कट मरेगा तभी रूस दखल होगा। है न बाबू?"

ताराचरण का ख्याल था कि अंत में रूस हार जाएगा लेकिन चाची का कहना था, "मैं पढ़ी-लिखी नहीं हूँ मगर इतना समझती हूँ कि पच्चीस साल से रूसवालों ने अपने यहाँ जो नया संसार बसाया है उसके अंदर जाकर राक्षसों की बड़ी-से-बड़ी फौज भी मात खा जाएगी...।"

"देख लेना"—ताराचरण कहते।

"देख लूँगी, यदि जीती रही"—चाची मुस्कुरा पड़ती। उसके चेहरे पर विश्वास की एक चमक कौंध जाती।

ताराचरण आजकल सार्वजनिक प्रवृत्तियों में ज्यादा दिलचस्पी ले रहे थे।

गाँव का किसान-भवन बड़ी बुरी हालत में था, ताराचरण ने इसकी मरम्मत करवाई। पंचायत के फैसलों से जुर्माने की जो रकम आती, वह अब उसी के जिम्मे रहती थी।

बरसात के दिनों में सड़क इतनी खराब हो जाती कि कीचड़ और बदबू के मारे नरक उसके सामने कुछ नहीं था। तकलीफ सब उठा रहे थे लेकिन उसको दुरुस्त करने के लिए आगे आनेवाला कोई नहीं था। शुभंकरपुर जैसा शिक्षित गाँव और उसका ऐसा हाल! मगर धिक्कार या फटकार आप किसे सुनाएँगे? एक भी शिक्षित व्यक्ति घर पर तो बैठा रहता नहीं, पाँख मजबूत होते ही वह चुगने के लिए बाहर निकल जाता है। हाँ, बाबू ताराचरण हैं जिन्हें गाँव के नाम

पर कुछ लाज-शर्म है।

ताराचरण ने बैसाख में मुसहड़ों को सड़क की मरम्मत में भिड़ा दिया। सबसे बड़ा काम था मिट्टी डालना। उधर ब्रह्मस्थान से लेकर इधर पलिवाड़ के पोखर तक, आधा कोस पड़ता है। इतनी दूर तक मिट्टी डलवाने में चालीस मजदूर लगे। ताराचरण आवश्यकतानुसार लोगों से अनाज या नगद लेते गए। 'कमाऊ पूत' कि जिनका नाम बाहर सम्मान से लिया जाता है, इस अवसर पर फिसड्डी निकले। उन सुशिक्षितों से मूर्ख और गँवार ही भले।

मिट्टी पड़ जाने से सड़क ऊँची हो गई। कुछ लोगों ने अपने-अपने दालान के सामने सड़क की ज़मीन हद से ज्यादा दबा ली थी। ताराचरण ने नक्शा उठाकर रस्सी और जरीब से नए सिरे से पैमाइश की। इस तरह सड़क की मुनासिब ज़मीन निकल आई। आधा धूर खुद उसके भी दालान के सामने दबी पड़ी थी।

चाची ने दो रुपए सड़क-सुधार के इस काम में देना चाहा, परंतु कमलमुखी ने घोर आपत्ति प्रदर्शित की। चाची दम साधकर शांत हो गई। कमलमुखी ने हाथ चमकाकर रामपुरवाली चाची से कहा था, "यहाँ न माल न मवेशी, गाड़ी आवे न इक्का। सड़क खराब हो गई है तो इसकी सज़ा हम क्यों भोगें?"

चाची ने चुपचाप कहला भेजा ताराचरण को–"अभी हाथ पर नहीं है।"

तीन पोखर बेकार हो गए थे, ताराचरण ने गर्मियों में उनकी सफाई करवा दी। इसमें कुछ खर्चा नहीं पड़ा। शर्त यह थी कि मछलियाँ जो जिसके हाथ लगें वह उसी की रहें। फिर क्या था? अहीर, केवट, अमात, धानुख और बाभन भी भूत की भाँति तालाब की सफाई में लग गए। मछली भी उस दिन खूब निकली।

तारचरण के रूप में नए नेतृत्व का उदय हुआ था। बूढ़े पहले कुछ दिनों तक उसे मान्यता देने को तैयार नहीं थे। परंतु बाद में उन्हें झुकना पड़ा। बूढ़े समाजपति पुराना अधिकार कायम रखने के लिए हाथापाई करके कई बार शिकस्त खा चुके थे। गत वर्ष कृष्णाष्टमी के अवसर पर उनका विचार था नटुआ मँगवाने का। तरुणदल कीर्तन-मंडली के पक्ष में था। बूढ़ों ने असहयोग की धमकी दी परंतु भगवान् कृष्ण नए अर्जुनों की बात में आ गए। दूसरी पराजय बूढ़ों की राजाबहादुर दुर्गानंद सिंह के संबंध में हुई थी। राजाबहादुर के दामाद ने किसी देशी नाटक मंडली को बुलाया था। उनका विचार था कि शुभंकरपुरवाले भी

आकर नाटक देखें, वे हमारी प्रजा हैं। उन्हें अलग से बुलवा भेजने की ज़रूरत ही क्या है? नवयुवक अड़ गए, बिना बुलावे के हम क्यों जाएँगे? इसमें बुजुर्ग लोग राजाबहादुर को पहले ही आश्वासन दे आए थे। अब उनकी नाक कट रही थी। ताराचरण ने कहा–"जमाना बदल गया है। हम जब अंग्रेजों की नाक में कौड़ी बाँधते हैं तो राजाबहादुर की बिसात? उनका दामाद खुद आकर हमें लिवा ले जाए, तब चलेंगे।" अंत में हुआ यही कि दो-एक बूढ़ों को छोड़कर और कोई नहीं गया।

27

परसौनी से हैजा शुरू हुआ। शुभंकरपुर, केरवनिया, मकरंदा, दहौरा, पकड़िया, अमरितपुर इन आठ-दस गाँवों में फैल गया। वर्षा रुकी रही तो हैजा अपना नंगा नाच नाचता रहा।

चाची साल-भर से बीमार थी। उसकी कमज़ोर देह हैजे का धक्का बर्दाश्त नहीं कर सकी। संयोगवश रतिनाथ मौजूद था। उसने आखिरी हालत में उमानाथ को तार दिया, परंतु अंत समय में चाची अपने पुत्र का मुँह नहीं देख सकी। छत्तीस घंटे पाखाना-पेशाब रुका रहा। अंतिम क्षण में रतिनाथ ने कहा—"चाची, सिमरिया घाट चलोगी?"

"नहीं"—हाथ से इशारा किया चाची ने और नज़दीक बुलाकर कहा—"यही आँगन मेरे लिए भगीरथी गंगा है।"

चाची की आवाज़ इतनी क्षीण हो गई थी कि बड़ी मुश्किल से रतिनाथ समझ सका। कमलमुखी हल्दी का चूरन और चावल का आटा एक महीन कपड़े में बाँधकर उस पोटली से अपनी सास के तलवे मल रही थी। चाची की बेचैनी अतिकोटि पर पहुँच गई थी। उसने डॉक्टरी दवा लेने से इनकार कर दिया था। अमृतधारा तक उसे मंजूर न थी। रतिनाथ को ऐसा लगा कि मरने का यह अवसर चाची अपने हाथ से जाने देना नहीं चाहती; वह इस जीवन से ऊब गई है। अब विराम चाहती है। परिवार में एक भी ऐसा प्राणी नहीं है जिसे चाची का यह असमय प्रयाण सह्य न हो।

आषाढ़ कृष्ण पंचमी के रात्रिशेष में जब ढिबरी की पीली लौ ज़रा देर के लिए फुरफुरा उठी तब रतिनाथ समझ गया कि चाची चली। उसकी आँखों से आँसू बह चले। कमलमुखी ने जोर से रोना शुरू किया। रत्ती ने दिल को कड़ा किया।

तुलसीचउरा के नज़दीक पहले सुजनी बिछा आया फिर चाची को सँभालकर वहाँ उठा ले गया। वहीं तुलसीचउरा के नज़दीक चाची ने एक बार जोर से ऊर्ध्वश्वास लिया और उसकी आँखों की पुतलियाँ उलट गईं, मुँह से थोड़ा रक्त-मिश्रित कफ़ निकला और बस!

ताराचरण घूटर, सुखदेव, गदाधर और रतिनाथ यही पाँचों अर्थी उठा ले गए। अपनी ही पुरानी अमराई में चिता तैयार हुई। ठीक उसी जगह जहाँ थोड़ी-थोड़ी दूर के फासले पर उमानाथ के बाप-दादा, परदादा और दादी-परदादी आदि का अंतिम संस्कार हुआ था। मृतक को नहलाकर नया कपड़ा पहना दिया गया और तब उसे चिता पर डाल आए। लंबा पूला की तरह खढ़ का ऊक (उल्का) बनाया गया। साथ लाई आग को फूँककर रतिनाथ ने उस ऊक को धधकाया और चिता की परिक्रमा करके चाची के मुँह में अग्नि-स्पर्श कराया। यह विधि तीन बार की गई। अंत में ऊक को चिता पर छोड़ दिया गया। आग लाश को पकड़ चुकी थी।

जलने में करीब दो घंटे लगे। सभी एकमत थे कि उमानाथ जान-बूझकर अपनी माँ को बीमार रखता आ रहा था, यद्यपि होनहार को भला कौन रोक सकता है। रतिनाथ बराबर गुमसुम रहा।

चिता उसी दिन बुझाई गई। यह काम वहाँ की प्रथा के अनुसार तीसरे दिन हुआ। उस समय बची-खुची दो-एक हड्डियाँ सँभालकर अलग रख ली गईं और बाकी राख समेटकर उस पर छोटा-सा एक चबूतरा बना दिया गया। ऊपर से तुलसी का पौधा उस पर रोप दिया गया। हड्डियाँ ले जाकर समय और सुविधा के अनुसार गंगा में प्रवाहित करना था।

चौथे दिन उमानाथ आ धमका।

श्राद्ध साधारण रूप में ही हुआ। रतिनाथ तेरही के दिन उपस्थित था ही। जयनाथ को खबर कर दी गई थी फिर भी वह नहीं आए। कुल ढाई सौ खर्च पड़ा। एकादशाह को कच्ची रसोई का भोज था और द्वादशाह को चूड़ा-दही का (जयदेव का लड़का भवदेव विलायत से आया था, इसीलिए समाज में दो गोल थे। उमानाथ विलायती गोल में था। यही कारण था कि किफायत में ही काम चल गया)।

उमानाथ बीस दिन गाँव रहा। कमलमुखी गृहकार्य में खूब होशियार नहीं तो भोथड़ भी नहीं थी और अब तो सारी जिम्मेदारी उसी के कंधे पर आ पड़ी

थी। उसने अपने भतीजे को बुलवा लिया।

रतिनाथ ने काशी जाकर पढ़ना तय किया। नानी और नाना इस विचार से सहमत न थे, परंतु रत्ती का मन अब इधर बिलकुल नहीं लग रहा था। चाची के अभाव में शुभंकरपुर अब उसके लिए श्मशान था। उस महिला को उसने तिल-तिल करके खपते देखा था। वह चाची की वेदना का हिस्सेदार था। चाहता था कि घर से दूर, खूब दूर रहकर वह वात्सल्य की उन स्मृतियों का उपभोग करे।

आषाढ़ की पूर्णिमा जब हो गई तो एक दिन चाची की हड्डियाँ और राख लेकर रतिनाथ काशी पहुँचा। उसके जिम्मे कुल पंद्रह रुपए थे। बचपन में बाप के साथ एक बार वह और काशी जा चुका था। परंतु तब की देखी-सुनी अब किस काम की?

तारा मंदिर (क्षेत्र) के अध्यक्ष से रतिनाथ का दूर का रिश्ता पड़ता था। उन्होंने भोजन का प्रबंध अपने यहाँ कर दिया। पढ़ाई के लिए मीरघाट पर मारवाड़ी संस्कृत कॉलेज मानो उसकी प्रतीक्षा कर रहा था।

यह सब निश्चित हो चुकने पर रतिनाथ एक दिन प्रातःकाल नाव भाड़ा करके मणिकर्णिका घाट के सामने बीच गंगा में गया और चाची की अस्थियों को कंपित हाथों तथा आर्द्र आँखों से प्रवाहित कर आया।

अस्थियाँ गंगा में प्रवाहित करके लौटते समय रतिनाथ के हृदय में बारंबार यही बात उठ रही थी कि अमावस की उस रात को वह कौन था चाची? एक घनी और अँधेरी छाया तुम्हारे बिस्तर की तरफ बढ़ आई, वह क्या थी चाची? सदा के लिए तुम्हारे सिर पर कलंक का टीका लगा गया, वह कौन था चाची? शील और शालीनता की प्रतिमे! तुमने क्यों उस धूर्त का नाम नहीं बतला दिया?

●●●